日本語教育学の新潮流 21

ベトナム人日本語学習者の産出文章に見られる視点の表し方及びその指導法
学習者の〈気づき〉を重視する指導法を中心に

レ カムニュン

Vietnamese learners' expressions of viewpoint as presented
in their Japanese writings and related teaching methods:
Focusing on the learners' noticing

First published 2018
Printed in Japan

All rights reserved
©Le Cam Nhung, 2018

Coco Publishing Co., Ltd.

ISBN 978-4-904595-98-5

目次

第1章 はじめに……1
1.1 研究の背景……1
1.2 研究の目的……3
1.3 研究方法……4
1.4 本書の位置づけ……6
1.5 本書の構成……8
1.6 基本的な用語の説明……8
1.6.1 第一言語と第二言語……8
1.6.2 目標言語と中間言語……10
1.6.3 物語と物語描写文章……10
1.6.4 産出——直後産出と遅延産出……10
1.6.5 〈気づき〉と〈気づき重視の指導法〉など……11

第2章 | 視点の概念……13

   2.1 　理論的な研究における視点の捉え方……13

      2.1.1 　大江（1975）
          ——「視線の軸」と〈主観性〉……13

      2.1.2 　久野（1978）
          ——「カメラ・アングル」・「共感」・「視点の一貫性」……18

      2.1.3 　佐伯（1978）、奥津（1983）、茂呂（1985）、松木（1992）など
          ——「見ること：視座と注視点」……20

   2.2 　実証的な研究における視点
       ——日本語母語話者と日本語学習者の相違……23

      2.2.1 　視座の表し方について……23

      2.2.2 　注視点の表し方について……24

   2.3 　本書における視点の捉え方……24

第3章 | 理論的枠組み……27

   3.1 　認知言語学の枠組み……27

      3.1.1 　事態把握と視点——〈主観性〉と〈客観性〉……27

      3.1.2 　視点の判定基準……30

         3.1.2.1 　視座と視点表現……31

         3.1.2.2 　注視点と主語……35

   3.2 　第二言語習得の枠組み……36

      3.2.1 　第二言語習得における母語の影響……36

      3.2.2 　第二言語習得の認知プロセス……37

第4章 研究1：ベトナム語と日本語の事態把握と視点
―― 小説からの考察………41

4.1 先行研究………41
　4.1.1 日本語と他言語の事態把握の相違に関する研究………41
　4.1.2 日本語母語話者と日本語学習者の視点と事態把握に関する研究………45

4.2 研究課題………46

4.3 調査の概要………47
　4.3.1 資料………47
　4.3.2 分析の枠組み………47
　　4.3.2.1 視座の判定………48
　　4.3.2.2 注視点の判定………48
　　4.3.2.3 場面における〈視座〉と〈注視点〉の判定例………49

4.4 調査の結果………51
　4.4.1 視座の表し方について………51
　4.4.2 注視点の表し方について………54
　4.4.3 〈視座〉・〈注視点〉と〈事態把握〉との関係………55

4.5 考察………56
　4.5.1 日本語とベトナム語における視座と視点表現について………56
　4.5.2 日本語とベトナム語における注視点と主語について………57

4.6 まとめ………59

第5章｜研究2：ベトナム人日本語学習者の産出文章に見られる視点の表し方……61

5.1 先行研究……61
5.1.1 〈視座〉・〈注視点〉の2つの側面から論じた研究……62
5.1.2 〈視座〉・〈視点表現〉から論じた研究……65
5.1.3 〈注視点〉・〈主語〉から論じた研究……67
5.1.4 先行研究のまとめ……67

5.2 研究の目的……68

5.3 調査の概要……69
5.3.1 調査対象者……69
5.3.2 調査実施場所……69
5.3.3 調査手続き……69
5.3.3.1 予備調査……70
5.3.3.2 本調査……70
5.3.4 調査資料……71
5.3.4.1 漫画……71
5.3.4.2 調査用紙……73
5.3.5 分析方法……73
5.3.5.1 分析場面……73
5.3.5.2 視座の判定……74
5.3.5.3 注視点の判定……77
5.3.5.4 〈視座〉と〈注視点〉の判定法と判定例……77

5.4 結果…………80
 5.4.1 視座の表し方…………80
  5.4.1.1 視座の一貫性…………80
  5.4.1.2 視点表現の用い方…………83
 5.4.2 注視点の表し方…………88
  5.4.2.1 注視点の一貫性…………88
  5.4.2.2 注視点の明示性…………89

5.5 考察…………90
 5.5.1 視点表現の用い方と視座の一貫性との関係…………91
 5.5.2 注視点・主語について…………101

5.6 まとめ…………101

第6章 | 研究3：視点の指導法
　　　——学習者の〈気づき〉を重視する
　　　　指導法の効果……… 105

  6.1 先行研究……… 106
      6.1.1 視点の指導法に関する研究……… 106
      6.1.2 第二言語習得における〈気づき〉の定義と
　　　　　役割に関する研究……… 107

  6.2 研究課題……… 110

  6.3 実験の概要……… 111
      6.3.1 対象者……… 111
      6.3.2 調査資料……… 112
          6.3.2.1 〈気づき〉指導用の資料……… 112
          6.3.2.2 〈説明〉指導用の資料……… 113
          6.3.2.3 直後テスト用の資料……… 114
          6.3.2.4 遅延テスト用の資料……… 114
      6.3.3 実験の手順……… 114
          6.3.3.1 指導……… 114
          6.3.3.2 直後テスト（直後産出）……… 117
          6.3.3.3 遅延テスト（遅延産出）……… 117
          6.3.3.4 フォローアップ・インタビュー……… 117
          6.3.3.5 実験手順のまとめ……… 119
      6.3.4 分析の方法……… 120

- 6.4 調査の結果………120
  - 6.4.1 学習者の〈気づき〉の内容………120
    - 6.4.1.1 １人での気づき………120
    - 6.4.1.2 グループディスカッションによる〈気づき〉………122
    - 6.4.1.3 指導者の非明示的介入による気づき………123
  - 6.4.2 視点の指導効果①
    ──指導直後の効果（直後テストの産出から）………124
    - 6.4.2.1 視座の表し方………124
    - 6.4.2.2 注視点の表し方………131
    - 6.4.2.3 直後産出の結果のまとめ………137
  - 6.4.3 視点の指導効果②
    ──効果の持続性（遅延テストの産出から）………137
    - 6.4.3.1 視座の表し方について………137
    - 6.4.3.2 注視点の表し方について………142
  - 6.4.4 視点指導の効果③
    ──記憶と意識の変化（フォローアップ・インタビューから）………148
- 6.5 考察………151
  - 6.5.1 気づきの促進方法と〈気づき〉可能な内容との関係………151
  - 6.5.2 視点の産出及び意識変化への〈気づき〉の効果
    ──〈説明〉の効果との違いから………154
- 6.6 まとめ………157

第7章 | 総合的考察……161
 7.1 認知言語学の枠組みからの考察……161
 7.2 第二言語習得の観点からの考察……163
  7.2.1 視点の指導に当てはまる理論……164
  7.2.2 教室における視点指導のあり方……165
  7.2.3 視点の効果的な指導法のモデル……167

第8章 | おわりに……171
 8.1 研究結果のまとめ……171
 8.2 日本語教育への示唆……175
 8.3 今後の課題……176

謝辞……179
参考文献……181

第1章 はじめに

1.1 研究の背景

　近年、日本とベトナムは友好関係にあり、経済・教育・医療など互いの関係は深まってきている。日越両国の関係が深まるにつれ、企業間で互いの人材力を求めるようになってきた。人材力には、専門性だけでなく、高いレベルの語学力も必要である。そのため、日本に留学するベトナム人学習者は急増[1]し、多くの日本語教育機関がベトナム全国の各地方に設置された。日本語学科のある大学も増え、中学校や高等学校などでも、日本語を選択外国語として選ぶ学生も増えてきた。このように今ベトナムでは、日本語は人気のある外国語の1つとなっている。ベトナムにおける日本語教育も、日本やベトナム政府をはじめ、国際交流基金（Japan Foundation）や国際協力機構（JICA）といった様々な機関のお蔭で、設備や教材にも恵まれ、新しい指導法が展開されるようになった。また、企業だけでなく日本人観光客も増え、日本人に接する機会が増えてきた。そのため、ベトナム国内だけでも、日本語の文法・語彙・コミュニケーションなどは、十分高いレベルまで身につけることができるようになった。

　しかし一方、筆者がベトナムで日本語教師をしていた時のことであるが、中上級レベルの日本語力をつけながらも、彼らの産出日本語（文章と発話）には、母語話者とは異なる不自然さがあった。そしてどんなに文法を指導しても、その不自然さが改善されることはなかった。以下の(1)、(2)は、学習者が書いた文章の例である。

メールのやりとり
（1）a. 明日の午後私は学校にいるので、Aさんも学校に行ったら連絡してください。
　　 b. これから先生のホテルに行きます。私は近いので私はすぐに着きます。アンさんは遠いので彼は遅いと思います。アンさんが行くまでホテルで待ちます。

作文
（2）先週の日曜日は私の母の誕生日なので、おじいさんとおばあさんは、私の家に遊びに来た。お母さんは、市場に買い物に行って、ご飯を作って、みんなでご飯を食べました。おじいさんは、お母さんに新しいラジオを買ってもらった。おじいさんはとても嬉しかった。ご飯を食べた後、お母さんは、おじいさんとおばあさんをバス停まで送ってあげた。

　（1a）、（1b）と（2）は、単文ごとに読むと、文法的な間違いは見られない。また、主語と述語がはっきりとしているため、ベトナム人にとっては、わかりやすい文章である。しかし、日本語話者は、不自然だと感じてしまう。主語を過剰使用し、文脈に関係なく、行為の主体と客体を全て明示しているためだろうか。このような現象は、学習者の日本語によく見られる。しかし、文法を指導しても改善されなかったことから、文法指導で解決できるものではないと言えそうである。第二言語習得の多くの実証的な研究では、この問題の原因は、学習者と日本語母語話者の視点の表し方の相違にあると述べている（田代1995; 奥川2007; 魏2010a, bなど）。
　視点とは、出来事を見る話者の立場のことを言う。認知言語学では、視点は言語主体（話者）の事態把握の仕方を反映するものであるとされている。日本語の視点の問題について、久野（1978）は、視点一貫性の制約があると述べ、池上（1983）は、「大きな段切れがない限り、視点の一貫性がテキストの構成要素として要求される」（池上1983: 36）と述べている。つまり、話者の見る立場である視点を一貫するのは、日本語の特徴であると理論的な研究で共通に述べられている。しかし、多くの日本語

学習者の文章、発話には、この視点の一貫性が見られない。これは、第二言語習得の実証的な研究でも明らかにされている（田代1995, 金慶珠2001, 坂本2005, 奥川2007など）。学習者の産出日本語が、母語話者にとって不自然に感じるのは、この視点の一貫性が見られないからだと考えられる。視点の問題は、学習者に意識させるために指導すべきであると、実証的な研究でも指摘されている（坂本・康・森脇2009, 魏2012, 渡辺2012）。しかし、どのように指導すればいいのかについては、まだほとんど研究がなされていない。

　ベトナムでも、視点の問題は、教育現場でほとんど言及されていない。これまでの日本語習得の研究は、主に語彙・文法・漢字・音声などに焦点を当てられており、談話での視点の表し方のような認知言語学に関わる研究は、筆者の管見ではない。上述したベトナム人学習者の文章は、この視点習得の問題に関係することが推測できる。しかし、具体的にどのような問題があるのかは不明である。

　こうした現状の中、本書は、ベトナムにおける日本語教育及び日本語教育全般の発展の一助として、認知言語学の概念である視点を取り上げることにした。ベトナム人学習者の産出日本語における視点の表し方の特徴と、学習者の母語との関係を明らかにしたうえで、視点の問題を抱える学習者に対する効果的な視点の指導法を探っていきたい。

　指導の実験は、第二言語習得の理論に基づき、学習者の〈気づき〉を重視する方法を中心に行う。〈気づき〉はインプットを短期記憶から長期記憶に転送する重要な段階と言われ、第二言語習得では認知プロセスの初段階として重視されている。そこで学習者に視点を意識させ、定着させるために学習者の〈気づき〉を重視する指導法を試みる。

1.2　研究の目的

　本書は、ベトナム人学習者の母語と日本語の視点の表し方を比較し、その相違点から視点の習得と学習者の母語（第一言語、L1）との関係を明らかにすることと、視点の問題に対する指導法を考察することを目的とする。以下3つの課題を設定する。

課題1　ベトナム語と日本語とでは視点の表し方に差があるのか。
課題2　談話においてベトナム人学習者の産出日本語（中間言語）と日本語母語話者の産出日本語（学習者の目標言語）に差があるのか。あるとすれば、L1からの影響によるものなのか。
課題3　教室活動で視点の問題を意識させることは可能であるか。可能であれば、意識させることで学習者の視点の表し方は日本語母語話者に近づいていくか。

1.3　研究方法

　視点（viewpoint, point of view, vatage point, perspective）という用語は、心理学、絵画、物語論など、多くの領域において様々な意味で使用されている。澤田（1993）によると、視点とは、言語行為において話し手（あるいは書き手）がある出来事を描写しようとするときに話し手（あるいは書き手）自身が占めている空間的（spatial）、時間的（temporal）、心理的（psychological）な位置のことを言う。
　視点という概念を積極的に日本語学、あるいは日本語と英語との対照研究に導入したものとして、大江（1975）、久野（1978）、佐伯（1978）、茂呂（1985）、松木（1992）などがよく知られている。久野（1978）は、カメラ・アングルの違い、すなわち、話し手がどこにカメラを置いて、この出来事を描写しているかによって産出表現が異なると述べている。佐伯（1978）は、視点を〈視座〉（対象を見る目の位置）と〈注視点〉（視座から眺めたときに注目される対象の側面や属性）に分けて捉えている。茂呂（1985）や松木（1992）は、視点を「見ること」の基本的な要素として、①〈視点人物〉（誰が見るか＝見る主体）、②〈視座〉（どこから見ているか＝見る場所）、③〈注視点〉（どこを見ているか＝見る客体）、④〈見え〉（見たこと＝見え）の4つを挙げている。
　認知言語学では、視点は、その言語話者の事態把握の仕方に関わるとされている。事態把握は、主に〈主観的把握〉と〈客観的把握〉の2つに分類される。この2つは、話者が事態の内面から主観的に事態を描くか、事態の外面から客観的に事態を描くか、によって分けられている。

学習者と日本語母語話者の視点の表し方を比較した第二言語習得の実証的な研究では、話者の母語と日本語の視点の相違を事態把握との関係から論じるものが多い。また、視点を基本的に〈視座〉と〈注視点〉の2つの側面から検討している。〈視座〉は、話者の見る立場として、視点表現といった受身表現・授受表現・移動表現などにより判定され、〈注視点〉は、話者の見る対象として主に主語により判定される。本研究は、ベトナム人学習者の産出文章における視点の表し方の実態を明らかにするため、第二言語習得の研究におけるこうした捉え方を参考に検討することにした。

　学習者の視点の表し方を調べた研究は、中国語、韓国語、英語母語話者を対象にしたものが多く、学習者の視点の表し方には、母語の干渉があることも報告されてきた。しかし、ベトナム人学習者及びベトナム語における視点の特徴を調べた研究は筆者の管見ではない。

　本書では、まずベトナム語話者は、どのような事態把握をするか、どのように視点を表すかを日本語と比較することにより明らかにする（研究1）。次に学習者の中間言語の産出文章における視点の表し方の特徴を明らかにし、学習者の産出日本語における視点の表し方と母語との関係を考察する（研究2）。学習者の母語、及び学習者の中間言語における視点の表し方の特徴を把握したうえで、視点の表し方に関する学習者の特徴と日本語母語話者の特徴を学習者に意識させる実験を行い、視点の指導法を提案していく（研究3）。本書の研究の流れは、図1-1の通りである。

　具体的には、まず日本語と他の言語の比較研究を参考に、日本語小説とそのベトナム語訳版を用いて、〈視座〉と〈注視点〉についての違いを分析する。その結果をもとに、日越両言語における事態把握及び視点の表し方を比較し、ベトナム語の事態把握と視点の表し方について考察する。

　次に、ベトナム人学習者の産出文章に見られる視点の表し方の特徴を明らかにするために、先行研究でも多く用いられている物語描写（漫画描写）の手法で、産出された学習者の文章を分析のデータとして検討する。また、学習者の産出日本語における視点の表し方へのL1からの影響を考察するために、日本語母語話者と日本語学習歴がないベトナム語母語

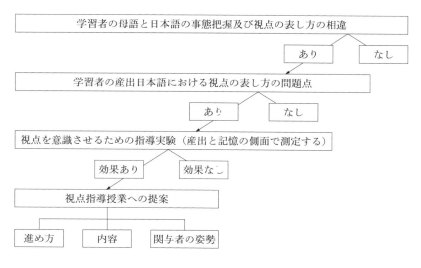

図1-1　本書の研究の流れ

話者の産出文章とも比較する。

　最後に、〈気づき〉を重視する指導法と、先行研究でも効果が検証されてきた〈教師による明示的説明〉という指導法を用いて、①〈気づきのみ〉群、②〈説明のみ〉群、③気づきと説明の〈結合〉群、の3つに分けて視点の指導を実験する。それぞれの指導法の効果を比較したうえで、〈気づき〉の効果を考察し、視点の指導に対する指導法を提案する。

1.4 本書の位置づけ

　ベトナム人日本語学習者を対象に、視点の習得及び指導法を研究した本書の位置づけは、以下の通りである。

（1）事態把握の観点から見るベトナム語と日本語の相違の解明

　これまでのベトナム語と日本語を比較した研究では、文法・語彙・音声を中心としたものが多い。両言語の言語的な違いを明らかにすることで、学習者の母語からの「負」の転移を減らしたり、学習者が、より正

確な日本語に近づくための教授法や学習の仕方に役立てたりすることはできるかもしれない。しかし、現在、高レベルの日本語学習者数の急増とともに、学習者の産出には、正確さだけではなく、自然さも求められている。自然な産出ができるようになるためには、文法・語彙・音声のような言語学的なものだけではなく、日本語母語話者の事態把握を理解する必要がある。これまで注目されていない認知的な面から見たベトナム語と日本語の事態把握の違いを比較した本書は、今後のベトナムにおける日本語教育研究に、新しい研究のアプローチの一歩として貢献できると考えられる。

（2）認知面から見るベトナム人学習者の日本語習得の問題の解明

今まで、ベトナム人学習者の日本語習得の問題として多く挙げられていたのは、主に語彙・文法・音声・漢字などいわゆる伝統的な言語学レベルのものである（金村1999, Than 2003, 松田・タン・ゴ・金村・中平・三上2008, 松田2012など）。しかし、語彙・文法的な問題がない中上級学習者に対しては、語彙・文法など言語レベルの知識を与えるだけでは、習得に限界がある。語彙・文法力の高い学習者に日本語母語話者に近い、より自然な日本語を習得させるためには、日本語話者の認知的な特徴（日本人はどう事態を認識するか）をも意識させる必要があるのではないかと考えられる。そのため、学習者の中間言語における視点の表し方の問題を明らかにした本書は、学習者の習得問題の把握及びベトナム人学習者向けの教授法開発事業に有意義であると考えられる。

（3）視点の指導法の提案

視点は、認知言語学の1つの概念である。視点をどのように指導すればいいのかという教育現場につながる効果的指導法は、日本語教育上ではまだほとんど検討されていない。学習者がより自然な日本語を産出できるよう、第二言語習得の認知プロセスの理論に基づいて実験をしたうえで提案するこの指導法は、今後の日本語教育の内容及び教授法の新しいアプローチとして貢献できると考えられる。

1.5 本書の構成

　本書は、8章で構成されている。第1章では、研究の背景、目的、研究方法、位置づけについて述べる。第2章では、視点の概念に関わる基礎的な先行研究を概観し、本書の視点の捉え方を述べる。第3章では、研究方法の理論的枠組み、調査の方法、視点の判定基準について説明する。そして、次の第4章から第6章においては、研究1、研究2、研究3における調査・実験の結果を述べる。まず第4章で、日本語と学習者の母語であるベトナム語における視点の表し方を比較し、両言語における事態把握の仕方の相違について考察する。次に、第5章で、ベトナム人日本語学習者、日本語母語話者、日本語ができないベトナム語母語話者の産出文章における視点の表し方を調査した結果を述べ、学習者の産出文章（日本語）における視点の表し方の特徴及び母語との関係について考察する。第6章では、ベトナム人学習者を対象とした指導法の実験結果を述べたうえで、視点の効果的な指導法を考察する。第7章では、研究1、研究2、研究3の結果をもとに、総合的な考察を行い、最後の第8章で、本書における3つの研究結果をまとめ、日本語教育への示唆と今後の課題について述べる。

1.6 基本的な用語の説明

　ここで本書に用いた基本的な用語の捉え方を説明する。

1.6.1 第一言語と第二言語

　本書は石橋（2012）を参考に、第一言語と第二言語を以下のように捉える。

　第一言語は、学習者の母国語（母語）で、学習者が生まれ育った地域の言語であり、学習者が初めて習得した言語である。第二言語は、第一言語に追加して学習する言語とする。学習者が日本語を第3番目、第4番目の言語として学習した場合も、追加して学習された言語として第二言語とする。

```
第1章 はじめに
  ・研究背景  ・研究目的  ・研究方法  ・研究の位置づけ  ・論文の構成
```

```
第2章 視点の概念
       ・先行研究における捉え方  ・本書における捉え方
```

```
第3章 理論的枠組み
       ・認知言語学の枠組み  ・第二言語習得の枠組み
```

```
第4章 研究1                          第5章 研究2
ベトナム語と日本語の事態把握と視点     ベトナム人日本語学習者の産出文章に
――小説からの調査                     見られる視点の表し方
・日本語小説とベトナム語訳文の比較     ・ベトナム人学習者の文章（日本語）
                                      ・日本語母語話者の文章（日本語）
                                      ・ベトナム語母語話者の文章（ベトナム語）
```

```
第6章 研究3 視点の指導法――学習者の〈気づき〉を重視する指導法の効果
  ・〈気づき重視〉指導法と〈教師の説明〉指導法の実験・効果比較
    産出の面：直後産出 遅延産出
    記憶の面：フォローアップ・インタビュー
```

```
第7章 総合的考察
       ・ベトナム語母語話者の中間言語における視点の特徴
       ・視点の効果的な指導法
```

```
第8章 おわりに
  ・研究結果のまとめ  ・日本語教育への示唆  ・今後の課題
```

図1-2　本書の構成

1.6.2　目標言語と中間言語

　目標言語は学習者が習おうとしている言語のことである。日本語学習者にとっては、日本語が目標言語である。

　中間言語は、ラリー・セリンカーによって提唱された概念であり、第二言語の学習者がその言語を学んでいる過程で発する学習者の言語のことである。中間言語は、学習者の目標言語についての知識体系として、中間言語体系とも呼ばれ、目標言語とは様々な点で違った体系を持つ学習者に特徴的な言語である。日本語学習者の日本語は、中間言語である。

　第二言語習得における目標言語と中間言語の捉え方に従い、本書は、日本語母語話者が用いた日本語を目標言語と言い、ベトナム人学習者の日本語を中間言語と言う。

1.6.3　物語と物語描写文章

　物語には、何人かの人物が登場し、何らかの出来事を通してストーリーが展開していく。そのため、複数の場面で構成される。これらの場面で何が起こったか、それぞれの登場人物が何をしたか、どう考えたか、どう感じたかなどを書き言葉で説明（描写）した文章を物語描写文章とする。

1.6.4　産出——直後産出と遅延産出

　第二言語習得ではインプット（input）とアウトプット（output）という用語がよく用いられる。インプットは、学習者が聞いたり読んだりする言語（「聞く」・「読む」）のことを言い、アウトプットは、学習者が話したり書いたりして産出した言語（「書く」・「話す」）のことを言う。

　本書で扱うアウトプット（産出）とは、物語描写文章の産出のみである。また、学習者が書いた文章を「産出文章」、学習者が書いた日本語を「産出日本語」とし、指導実験を行った直後に学習者が書いた文章を「直後産出の文章」、指導実験を行った3か月後に書いた文章を「遅延産出の文章」とする。

1.6.5 〈気づき〉と〈気づき重視の指導法〉など

〈気づき〉に関して、本書は〈気づき重視〉の指導法、〈気づきのみ〉群、〈気づきの内容〉、〈気づきあり〉／〈気づきなし〉、の言葉を使用する。

本書は、Schmidt（1990）に従い、〈気づき〉を（1）知覚・認知（perception）、（2）気づき（noticing）、（3）理解（understanding）の3レベルで検討する（第6章参照）。

まず学習者に、日本語母語話者の文章（目標言語）とベトナム人学習者の文章（中間言語）を比較させ、どこが違うか、その違いの理由は何かを調査用紙に記入させる（知覚・認知）。次にグループディスカッションさせ（気づき）、最後に指導者がフィードバックを行う（理解）。この過程で、学習者が調査用紙に書いたり、グループディスカッションで発言したり、フィードバックで指導者の質問に答えたりした内容を〈気づきの内容〉もしくは〈学習者が気づいた内容〉とする。

本書で扱う〈気づき重視〉の指導法、もしくは〈気づき〉を重視する指導法とは、学習者の気づきを促すための方法を工夫し、それぞれの段階での学習者の気づきを重視する指導法のことである。気づき重視指導と教師の明示的な説明のみの指導の効果を比較するため、〈気づきのみ〉群、気づきと説明の〈結合〉群の他に〈気づきあり〉と〈気づきなし〉も使う。

注　[1]　日本学生支援機構（JASSO）が発表した2014年度外国人留学生在籍状況調査結果によると、2014年5月1日時点でベトナム人留学生は、全留学生の14.4％（前年度8.2％）を占めており、出身国（地域）別留学生数では中国（51.3％）に次ぐ第2位にランクインしている。

第2章 視点の概念

　本章では、日本語の視点の捉え方に関する先行研究を概観したうえで、本書の「視点」の捉え方を述べる。第1節では、理論的な研究における「視点」の捉え方について、第2節では、実証的な研究における日本語母語話者と学習者の視点の表し方について、第3節では、本書における視点の捉え方について述べる。

2.1 理論的な研究における視点の捉え方

　視点という用語は、様々な意味で使用されている。日本語学あるいは日本語と英語の対照研究に導入される場合は、心理的な立場と認知的な立場に基づいて論じられていることが多い。本節は、その代表として、大江（1975）、久野（1978）、佐伯（1978）、奥津（1983）、茂呂（1985）、松木（1992）を概観していく。

2.1.1 大江（1975）──「視線の軸」と〈主観性〉

　大江（1975）は、「視点」「視線の軸」「主観的経験」「直接内的把握」のような主観性に関わる要素を取り上げ、日本語と英語における言語形式（動きの動詞[1]、授受動詞[2]、うめこみ文、敬語など）を対象に分析し、両言語における〈主観性〉を比較している。大江（1975）は、「主観性は、あるできごとを話し手が外からでなく、その当事者、経験者として直接的に捉えて描くことを示すような言語的特徴」（p.10）とし、「日本語は英語に比べて主観性への傾斜をより強く有する」（p.282）と述べている。また、この研究の基本を貫く主観性に関連して「視線の軸」という概念を提唱した。「視線の軸」は、ある出来事をその当事者として内部から主観的に

眺める人の位置を意味する。「視線の軸」として最も普通なのは、話し手自身であるが、話し手がその視点を取りやすいような人（話し手に近い人）もなり得るとしている（大江1975: 33）。以下、例を示す。

（3）a. 太郎は私の妹に人形をくれた。
　　 b. 太郎は花子に人形をくれた。　　　　　　　　　　（大江1975: 32）

　主観性を帯びているクレルを用いた上記の例文（3a, b）では、「視線の軸」は話し手ではなく、話し手にとって近い（話し手と密接に関係する）「話し手の妹」（3a）と「花子」（3b）という三人称にある。なお、以下の例（4）のように、「視線の軸」となる話し手にとって近い人は、必ずしも三人称だけではなく、二人称もなり得るとしている。

（4）太郎が君にこの本をくれました。

　この「視線の軸」について、大江（1975）は、話し手が自らの主観的判断によって、自分に近い人と判断する当事者に、視線の軸を一時的に移動し、その当事者の視点を通して、出来事を内から主観的に眺めることが可能であるような仕組みを有すると述べている。また、こうした視線の軸の移動が成立するには、話し手は、特定の関与者または当事者との間に、同じ「ホームベース」を共有しなければならない。話し手が、関与者の誰と同じホームベースを共有するのかは、話し手の主観的判断によって決まることであり、話し手が「自分に近い」と判断する人は、必ずしも話し手と血縁関係にある人とは限らず、話し手が自ら同じホームベースを共有していると主観的に判断する人である（上記の例（3a, b）、(4)）。こうした主観性によって、話し手が誰かに視線の軸を置き、その視点を通して眺めるという仕組みが成立するとしている。
　授受動詞（授受表現）と動きの動詞（移動表現）の〈主観性〉について、大江（1975）は、日本語のクル・ユク、英語のcome、goは、動きを単に外から眺め描く動詞ではなく、話し手が〈時に他者の視点に乗り移って〉動きの出来事の当事者としてそれを内から眺め描く語であり、これらの動きの動詞は、「主観的方向性」を表すと述べている。また、日本語の授

受動詞ヤル・クレル・モラウも、物の（所有権）の移動を描く語であり、視線の軸が重要であることから、主観的方向性の動詞あるいは〈主観性〉を帯びる動詞としている。大江（1975）の動きの動詞と、授受動詞における話し手の視点と言語形式との関係づけを、図2-1と図2-2[3]に示した。これらの図でわかるように、話し手が一時的に視点の軸を移動させられるのは、ヤル・ユクの場合は、出来事の成立を可能にするような意志を有するほうの当事者であるのに対して、クレル・モラウ・クルの場合は、そのような意志を有していないほうの当事者であるとしている。また、話し手は、必ずしも出来事の関与者として位置づけられる者とは限らず、ホームベースの共有を通して、一時的に他の関与者の視点を取ることも可能である。その際に、話し手がどの言語表現を選ぶのかは、話し手の心理的立場による主観的判断によって決められるとされている。

　さらに、移動表現と授受表現の考察を通して、日本語と英語の主観性について、大江（1975）は次のように述べている。

「日本語のクル・ユク、英語のcome、goは具象的動きの動詞として場所、人称、時（とりわけ場所）の方向指示（deixis）[4]に関わる。この種の方向指示が、おそらく世界中の言語に共通であるだけに、動きの動詞のこの二分化は、世界諸言語に共通であろう。他方、日本語のヤル・クレル・モラウが、主観性を表現する動詞であるのに、対応する英語の動詞と言われるgive、receiveはそうではない。ヤル、クレル、モラウが三つひと組みの主観性の動詞であるということは、これらが単に具象的動き、さらには視線の方向性を表し、人称と社会的方向指示に関わるという事実によって大いに動機づけられている。」

「主観的経験が、日本語の主観述語では常に純粋主観として表現されるのに、英語の主観述語では、多くの場合客観化された主観として表現されるということと、日本語のヤル、クレル、モラウが、授受動詞といっても主観性の動詞なのに、英語のgive、receiveが主観性を全く欠くということは、主観性をめぐる日英語の特徴からいって、深く関係した事実である。」

「ヤル、クレル、モラウや複雑な敬語のシステムは、日本語に固有な

【授受表現】

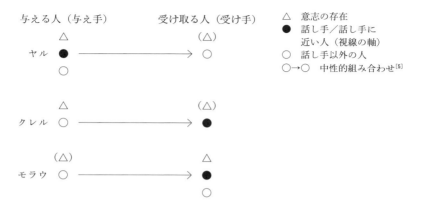

図2-1　大江(1975)による授受表現の用法

【動きの動詞・移動表現】

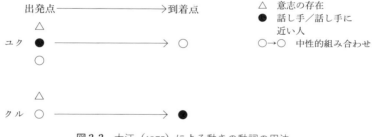

図2-2　大江(1975)による動きの動詞の用法

類の主観性を表現するための固有の手段だといえる。」

(大江1975: 283)

「話し手が他者の身になってものごとを眺める「視点の移行」は、話し手自身が当事者として出来事を内から捉え述べるという主観性表現と一見矛盾するごとくである。実際、視点の移行すべき人xと話し手の「私」とが出来事の当事者である場合には、いずれが視線の

軸になるか微妙に揺れることがある。しかし、「視点の移行」とは、「私」がxの視点を取り、そのような（「私」が乗り移った）xが出来事を内部から捉え描くことであるから、想像されるような矛盾はない。「離脱とした自己」と呼ばれる現象は、その一例である。また、日本語のガル動詞の使用などに固有の「自己の二分」において「私」の一方は、主観的経験の直接的経験でありつづけ、もう一方の「私」が同時にその主観的経験を外面化されたものとして描くのであるから、主観的経験の存在は認証され強さは倍加する。」（大江1975: 284）

さらに、方向性と関わりの観点から大江（1975）は、主観性を次の型に分類している。

　A. 方向性に関わるもの
　　 1. 動きの方向性
　　　　a. 具象的動き
　　　　b. ひゆ的動き
　　 2. 動きを伴わない視線の方向性
　B. 方向性に関わらないもの―純粋主観　　　　　　（大江1975: 282）

　Aは方向性的範疇（deictic categories）に関わるが、Bはこれとは何の関係も持たない。このことに関して、Aでは「私」が何らかの動きを眺める視線の軸（A1）か、社会（自分）的高さが異なるか同じである他者を眺める視線の軸（A2）になるのに対し、Bでは「私」は主観的経験の直接的経験者で、いかなる視線も含まれない。英語にはなく、日本語にある型の主観性は、A1b、A2であり、またBの純粋主観表現への傾向は、日本語のほうがずっと強い。英語にも純粋主観の述語がいくつかあるが、日本語の主観述語は全て純粋主観表現のためのものである。日本語では、現在時制（終止形）の主観述語によって表現され得る主観的経験は、話し手「私」の直接的、内的経験に限られ、他者の現在時における主観的経験もしばしば話し手の純粋主観に移して間接的に表現される。これに対し、英語では主観的経験は多くの主観述語によって客観化されたものとして表される。三人称の代名詞と「自分」やゼロの区別を有する日本語は、

「自己」をも直接的、内的に把握経験し、そのようなものとして表現する傾向が強い。この特徴は上記のBの型に属する。

2.1.2 久野（1978）「カメラ・アングル」・「共感」・「視点の一貫性」

久野（1978）は、以下の例文（5a, b, c）を挙げながら「視点」を「カメラ・アングル」という言葉で説明している。久野の言う「視点」とは、話者が2人（以上）の人物の関係を一つの文で表現する場合、どちらの人物寄りに描くのかといったカメラと対象となる人物との位置関係を示す概念である。久野（1978）によると、論理的意味内容が同じである（5a, b, c）の3つの文の違いはカメラ・アングルの違い、すなわち、話し手がどこにカメラを置いて、この出来事を描写しているかの問題にあるという。また、久野（1978）で扱われている視点は、出来事の関与者に対する話し手の心理的な距離がどのくらいあるかを示す「共感度」により規定されるものである。

（5）a. Then, John hit Mary.
　　b. Then, John hit Mary. / John hit his wife.
　　c. Then, Mary was hit by John. / Mary was hit by her husband.

(久野1978: 129–130)

図2-3に示したように、カメラ・アングルが（A）の位置に置かれた場合は、共感度が「John = Mary: John hit Mary」（5a）となり、話し手の視点は中立視点（客観描写）とされている。一方、カメラ・アングルが（B）の位置に置かれた場合は共感度が「John > Mary: John hit Mary / his wife」（5b）となり、話し手の視点は、MaryよりJohn寄りの視点とされている。同様に、カメラ・アングルが（C）の位置に置かれた場合は、共感度が「John < Mary: Mary was hit by John / her husband」（5c）となり、話し手の視点は、JohnよりMary寄りの視点とされている。このように、同じ出来事についての描写でも、話し手の共感度を表すカメラ・アングルの位置によって、言語表現が変わっていることが示された。

また久野（1978）は「単一の文は、単一のカメラ・アングルしか持てない」、「単一の文を作るのに、カメラを二台あるいはそれ以上使ってはい

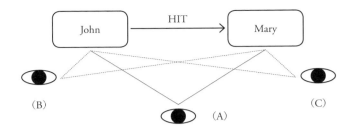

図2-3 久野（1978）によるカメラ・アングルの概念図

けない」というカメラ・アングルの一貫性あるいは視点の一貫性の制約があると主張している。

談話法規則に関して、久野はさらに以下のことも主張している[6]。

◎発話当事者の視点ハイアラーキー（階層構造）：話し手は、常に自分の視点を取らなければならず、自分より他者寄りの視点を取ることができない（E[7]：一人称＞二・三人称）。

◎談話主題の視点ハイアラーキー：談話に既に登場している人物に視点を近づけるほうが、談話に新しく登場する人物に視点を近づけるより容易である（E：談話主題＞新登場人物）。

◎表層構造の視点ハイアラーキーについて、一般的に話し手は、主語寄りの視点を取ることが一番容易であり、目的語寄りの視点を取ることは、主語寄りの視点を取るのより困難である。受身文の旧主語（対応する能動文の主語）寄りの視点を取るのは最も困難である（E：主語＞目的語＞受身文の旧主語）。

◎受身文のカメラ・アングル：新しい主語の指示対象寄り

◎授与動詞と補助動詞「クレル・ヤル」[8]の視点制約：
・「クレル」の場合：話者の視点が与え手（主語）よりも受け手（非主語）（E：非主語＞主語）

・「ヤル」の場合：
　「ヤル」──話者の視点が与え手（主語）寄りか、中立的視点（E：主語≧非主語）
　「テヤル」──話者の視点が与え手（E：主語＞非主語）

◎移動表現「来ル・行ク」の視点制約
　「来ル」：話者の視点が「到達点側の人」（E：到達点側の人＞出発点側の人）
　「行く」：話者の視点が出発点あるいは、中立的（E：出発点≧到達点）

◎主観表現：内部感情を表す話し手が感情の経験主体寄りの視点を取ったときにのみ用いられる。

つまり、視点は心理的な距離として捉えられ、話し手の「共感度」によるこの心理的な視点は、談話において〈一貫性〉、〈発話当事者視点〉、〈談話における登場人物の視点の取り方〉の制約があるとされている。

2.1.3　佐伯（1978）、奥津（1983）、茂呂（1985）、松木（1992）など──「見ること：視座と注視点」

ここで視点を「見る」こととして捉えた研究を概観する。

まず、視点を見る位置と見る対象の2つに分けて捉えた先行研究には佐伯（1978）がある。佐伯（1978）は視点という言葉が非常に曖昧な表現であると指摘し、実際には、〈視座〉（＝対象を見る目の位置）と〈注視点〉（＝その視座から眺めたときに注目される対象の側面や属性／主語）という2つの構成要素が含まれるとしている。また、佐伯（1978）によると、〈視座〉は、固定されていなければならないという制約があるのに対し、〈注視点〉は「文の中でいろいろと動くもの」であるという。

奥津（1983）は、話し手は自分が視点を置くものをとりたてて文の主語とすると述べ、視点が文の主語にあるとしている。奥津による視点は、佐伯の捉え方での〈見る対象＝注視点〉に対応する。この主語（注視点）の一貫性に関して、奥津（1983）は「視点固定の原則」として「一度たてた主語は、必要のない限り、途中で変えない」と述べ、佐伯（1978）より

さらに厳密に捉えている。

　視点を「見ること」と定義し、4つの要素に下位分類したものに、茂呂（1985）や松木（1992）がある。

　茂呂（1985）は、「見ること」の基本的な要素として、①〈視点人物〉（誰が見るか）、②〈視座〉（どこから見ているか）、③〈注視点〉（どこを見ているか）、④〈見え〉（見たこと）の4つを挙げている。茂呂は、以下の具体例（6）を取り上げ、この4つの要素を説明している。

　　（6）みんなキャーキャーいいながら、ちかしつへはいっていきました。
　　　　　　　　　　　　　　　　　　　　　　　　　　　　（茂呂1985: 52）

以上の例（7）における〈視点人物〉、〈視座〉、〈注視点〉、〈見え〉の4つの要素は次のように分析されている。

　①〈視点人物〉：「この文を発した話し手または書き手としての〈私〉」
　②〈視座〉　　：「地下室への入り口のある場所」
　③〈注視点〉　：「みんな」
　④〈見え〉　　：「みんなが地下室で入っていく」様子

　このように、第三者はこれらの要素を手がかりとして、表出された言語表現の中で話し手または聞き手の視点がどこにあるかを特定することができるとしている。また、茂呂は「見ること」は、上記の4つの要素から構成される視知覚の場を背景としており、「そこに表現された事柄が客観的な事実を「はだかの事実」としてではなく、誰かの目を通した「見え」として差し出すこと」であると述べている。すなわち、話し手あるいは書き手の見た「見え」をどのように表現するかは、話し手、または書き手の主観的な選択によるものであると言えよう。

　視点を〈見ること〉とし、視点の構成要素として4つに分けて分析した茂呂（1985）は、大江（1975）と久野（1978）とは異なり視覚的な立場から捉えているが、話者の主観的な言語表現の選択により見えた様子を表現する「はだかの事実」ではないという指摘は、大江（1975）が述べた〈主観性〉と久野（1978）の述べた心理的距離（心理的視点）と類似してい

ると言える。

　松木（1992）は、大江（1975）や久野（1978）などの心理的立場に基づいて捉えた〈心理的視点〉という概念には曖昧さがあり、この心理的視点では、文法現象の説明のうえで限界があるとし、視点をより厳密に捉える必要があると指摘している。松木（1992）は、視点とは本来物事を見る立場であると述べ、「見る」という行為が成り立つためには、①誰が見るのかという〈見る主体〉、②何を見るのかという〈見られる客体〉（対象）、③どこ（何）で見るのか、あるいはどこから見るのかという〈見る場所〉、④その結果どのように見えるのかという〈見える様子〉の4つの要素が必要であるとしている。松木（1992）のこの4つの要素は、茂呂（1985）の挙げている〈視点人物〉、〈視座〉、〈注視点〉、〈見え〉の4要素と一致している。

　文法説明上の限界があることについて、松木（1992）は、次の（7）、（8）、（9）の例を取り上げ、説明している。

（7）太郎は花子と結婚した。
（8）鎌倉は横浜と近い。
（9）鎌倉は横浜から近い。
　　　　　　　　　　　　　　　　　　　　　　　　　　（松木1992: 63）

　松木（1992）によると、上記の（7）と（8）では、「太郎」と「鎌倉」がそれぞれ主題化されているが、久野（1978）の「話し手は主題化されているもの寄りの視点を取る」という談話法規則に基づくと、（8）で用いられた「近い」は、常にある点を基準として、そこからの隔たりを表現する語であるから、基準点は原則として必須であるとして、助詞の「と」で示された「横浜」が話し手の基準点であると解釈できるという。また、（9）の場合は、「から」が用いられることにより、「横浜」が基準点となり、「鎌倉」に向かってベクトルが走っていることになる。すなわち、（9）は（8）と同様に、話し手の視点が基準点である「横浜」にもあると解釈できる。ただし、そうであるならば、（8）と（9）はいずれも1つの文に2つの視点が存在することになり、久野（1978）の「カメラ・アングルの一貫性」という談話法規則に違反し、不適格文となるはずであるが、実際、いずれも適格文であるとされている。この現象について、松

木(1992)は、従来の文法研究で述べられてきた心理的視点に〈視座〉と〈注視点〉の両方の概念が混在しているため、心理的視点のような単一概念としての視点で文法現象を解釈すると、(8)と(9)のような矛盾が生じてくる場合もあると述べている。一方、(8)と(9)の場合に対して、〈視座〉と〈注視点〉を用いて改めて分析すると、いずれも矛盾がなく新たな解釈が適用されることから文法研究においては、視点を細分化してより厳密な意味で分析する必要性があると指摘している[9]。

2.2 実証的な研究における視点
—— 日本語母語話者と日本語学習者の相違

実証的な研究として、第二言語習得研究では、学習者の習得の問題として視点の表し方を調べる研究が盛んに行われている。その多くは、産出(書く/話す)の観点から学習者の中間言語における視点の表し方を調べて、その視点を〈視座〉(話者の見る立場)と〈注視点〉(話者の見る対象)の2つに分けて捉えたものである(大塚1995, 田代1995, 林2004, 武村2010など)。本節では、実証的な先行研究における〈視座〉と〈注視点〉の捉え方、分析方法及び結果について簡単に述べる。

2.2.1 視座の表し方について

先行研究では、〈視座〉において、〈視座の一貫性〉と、話者がどの登場人物寄りの視座を取るかという〈視座の選択〉について調べているものが多い。それらの研究では、日本語母語話者と学習者の談話(文章・口頭)において視点の表し方が異なっていることが共通して指摘されている。具体的には、日本語母語話者が、事態あるいは物語描写をする際に、事態の関与者(登場人物)に視座を置き、一貫した視座で描写する傾向が強いのに対し、中国語・韓国語・英語などを母語とする非日本語母語話者による日本語の談話は、どの関与者(人物)にも視座を置かず中立的な視座で描写したり、視座を2人以上の人物に置いたりするなど〈視座の一貫性〉が見られない(渡辺1996; 金慶珠2001; 林2004; 魏2010a, bなど)。このように、日本語母語話者と日本語学習者は、話者の観察の場所である視座が一貫されるかどうかの点と、事態の内からの視座(事態関与者寄りの視座)か、事態の外からの視座(中立的な視座)かという点で大きく異なっ

ている。

2.2.2　注視点の表し方について

注視点については、佐伯（1978）が「文中で色々動く」と主張している。実証的な研究でも、日本語母語話者と日本語学習者ともに注視点が移動しており、注視点は学習者の文章の不自然さと関わらないことが示されている（田代1995, 奥川2007など）。

一方、認知言語学の研究では、日本語は主観的事態把握をする言語であり、発話の主体である話者が、自らを事態の中に投入して事態の内面から描写するため、主語である〈話者〉が言語化されない（明示されない）ことが多いのに対し、客観的事態把握をする言語は、主語が言語化される（非明示される）傾向が強いことが指摘されている（第3章参照）。

2.3　本書における視点の捉え方

ベトナム語と日本語の事態把握と視点の相違について調べた先行研究及び、ベトナム人日本語学習者の産出日本語における視点の表し方の特徴を調べた先行研究はない。そこで本書は、日本語とベトナム語の事態把握における視点の違い及び学習者の視点の習得を明らかにしていきたい。視点は、認知的な研究と実証的な研究を参考に、〈視座〉と〈注視点〉の2つに分けて捉えることにする。視座とは、話者の空間的及び心理的な立場を示すものであり、その視座を判定する構文的手がかりとしては、理論的研究でも実証的な研究でも検討がなされた受身表現、授受表現、使役表現、移動表現、主観表現と感情表現の6つの表現を分析の対象とする。〈注視点〉は、話者の注目する対象を意味し、その注視点を判定する構文的手がかりとして、動作主（能動文の場合）と非動作主（受身文の場合）を分析の対象とする。

〈視座〉と〈注視点〉の判定基準の詳細は、次の第3章で述べる。

注 [1]　大江（1975）は、動きの動詞として、日本語は「来る」「行く」を、英語は「come」「go」を分析の対象としている。
[2]　大江（1975）は日本語の授受表現を「やる」「くれる」「もらう」とし、英語のgive, receiveと比較している。
[3]　大江（1975: 32, 67）と魏（2012: 13）を参考に、図2-1と図2-2を作成した。
[4]　here, thereなど。
[5]　大江（1975）は与える人と受け取る人がともに話し手でないような組み合わせを中性的（neutral）な組み合わせとしている（p.32）。
[6]　魏（2012: 15-16）を参考にまとめた。
[7]　E = Empathy（共感）。
[8]　現代日本語の文法における授受表現の授受本動詞（クレル・ヤル／アゲル・モラウ）と授受補助動詞（テクレル・テヤル／テアゲル・テモラウ）のことである。
[9]　魏（2012: 20）を参考した。

第3章 理論的枠組み

　本章は、本書の研究方法の理論的枠組みについてのものである。第1節では、本書における「視点」の捉え方及び考察の基準となる認知言語学の枠組みとして、事態把握と、視点の判定基準を中心に述べる。第2節では、学習者の中間言語における視点の特徴の解明とその指導法の理論となる第二言語習得の枠組みとして、母語の転移と認知プロセスを中心に述べる。

3.1　認知言語学の枠組み

3.1.1　事態把握と視点——〈主観性〉と〈客観性〉

　認知言語学では、視点は話者の事態把握（construal）の仕方を反映するものであるとされている。視点とは、事態を見る言語主体（話者）の立場を言い、事態把握とは、「話者が発話に先立ち、まず言語化しようとする〈事態〉のどの部分を言語化し、どの部分を言語化しないか、言語化する部分についてはどのような視点から言語化するかという認知的な営みを行う過程」（徐2013: 15）を言う。同じ事態でも、話者が観察する立場が異なれば用いられる言語表現も異なってくる。これについて、認知言語学は〈主観〉と〈客観〉という術語を用いている。主観的・客観的という術語は、「話者が認識の場面の中にどれだけ自己を客体的に反映させているかという度合い」（長谷部2012: 7）を論じるために使用され、この違いを説明するために、先行研究では、Langacker（1990）が取り上げた例（10）を使うものが多い。

（10）a.　Vanessa is sitting across the table from Veronica.

b. Vanessa is sitting across the table <u>from me</u>.
   c. Vanessa is sitting across the table.

(Langacker1990: 17, 20, 下線は筆者)

　（10a）と（10b）は、「いずれも同一のテーブルを挟んでVanessaと話者自身の座っている状況について述べている文であるが、この違いは、言語化の際に〈参照点〉(reference point)が話し手（10b）かVeronica（10a）かということである」(徐2013: 16)。（10c）も〈参照点〉が話し手であることは同様であるが、（10b）では話者が明示化されているのに対し、（10c）では明示化されていない。「この言語的に明示されているかどうかというのは、話者の把握の仕方がどのくらい主観的かまたは客観的かによって類像的[1]に反映される（Langacker 1985)」(徐2013: 16)。

　〈主観的・客観的〉、または、〈明示・非明示〉について、王安（2014）も、Langackerの例文（10b）と（10c）を引用しながら、次のように説明している。同一の事態（*Vanessa*と話者はテーブルの両側に座っている）を捉えている両文とも話者が解釈の参照点として関与しているが、その関与における解釈の仕方が異なっている。そして、（10b）では、参照点としての話者の関与が代名詞「me」によって明示されているのに対し、（10c）では、話者が参照点となっているにもかかわらず、その関与が明示されていない。すなわち、（10b）の場合は、話者の関与が客体化されている一方、（10c）の場合は話者の関与が主体的表現となっている（王安2014: 182）。

　このように、英語という単一の言語の中でも、話者の事態の認識に基づいて異なる視点が投影され、主観的表現と客観的な表現が産出される。また言語によって「どちらの表現が高頻度で用いられるか、或いは好まれるかでかなり異なる」(長谷部2012: 7)という言語間における主観的・客観的の傾向の相違も指摘されている。このことについて池上（2003）は、好まれる傾向を〈好まれる言い回し〉と呼び、どの言語にも〈好まれる言い回し〉と呼べそうなものがあるとしている。この〈好まれる言い回し〉の違いの代表的な例として、以下の日本語小説である『雪国』(川端康成著)の冒頭の文とその英訳が頻繁に引用される。

(11)「国境の長いトンネルを抜けると雪国であった。」　　　　（川端原文）
(12) "**The train** came out of the long tunnel into the snow country."
（Edward Seidensticker 訳 1996 "Snow Country"）

　原文（11）には、汽車という言葉は、どこにも使われていない。しかし「国境の長いトンネルを抜ける」から汽車の映像を思い浮かべることができる。そして「雪国であった」と続く文章から、汽車に乗っている主人公の目にその景色が広がったことが想像つく。この文章は、主人公の体験が語られている。動いている汽車は、主人公の視界と一体化しているため、客体化されることはなく、関与が明示されることもない。これに対し英語訳（12）では、語り手は汽車に乗っておらず、外（雪国）にいて、近づいてくる汽車の動きを眺める観察者となっている。汽車を主語として明示し、具体的な動きが描写されている。この（11）（12）は、日本語と英語のそれぞれの好まれる言い回しの特徴をよく表していると思われる。
　これまでの研究では、このように日本語話者と英語話者それぞれに好まれる表現を比較、分析したうえで、日本語話者が主観的な表現を好むのに対し、英語話者は客観的な表現を好む傾向にあるという事態把握の対立を明らかにしている（池上1999, 2003, 2004, 2006[2]; 中村2004, 2009[3] など）。勿論、Langackerが取り上げた例のように、同じ言語の中でも、異なる傾向は見られる。英語だからといって、常に客観的な表現がなされるというわけではない。同様に、日本語でも常に主観的表現だけが用いられているわけではない。しかし、日本語と英語の事態把握の違いは、「認知言語学において広く認められている」（長谷部2012: 7）。
　〈主観性〉と〈客観性〉の面で論じた認知言語学での先行研究によると、事態把握は、以下のように2つに分けられる。

　〈主観的事態把握〉
　話者は問題の中に自らの身を置き、その事態の当事者として体験的に事態把握をする――実際には問題の事態の中に身を置いていない場合であっても、話者は自らその事態に臨場する当事者であるかのように（自己投入）、体験的に事態把握をする。

〈客観的事態把握〉
話者は問題の事態の外にあって、傍観者ないし観察者として客観的に事態把握をする——実際には問題の事態の中に身を置いている場合であっても、話者は（自分の分身をその事態の中に残したまま）自らはその事態から抜け出し、事態の外に身を置いて、傍観者ないし観察者として（自己分裂）、客観的に（自己を含む）事態把握をする。

　言語の主観性と客観性を判定する基準は、言語学では主にモダリティで検討されてきたが、認知言語学では、〈自己投入〉か〈自己分裂〉かの違いから、主語を言語化するかどうかという〈主語の省略〉（自己のゼロ化）の現象で検討することが多い。以下の例（13）～（15）はその違いの表れである。

(13) a.　When the weather is nice, you can see the Alps from there.
　　　b.　天気が良ければ、そこからアルプスが見える。
(14) a.　I heard someone is knocking my door.
　　　b.　誰かがドアをノックしているのが聞こえる。
(15) a.　Do you smell something burning?
　　　b.　何か焦げ臭くない？　　　　　　　　（長谷部2012: 10、下線は筆者）

　以上のことを踏まえ、本書は、ベトナム語母語話者は、どの事態把握をするか、また、日本語の視点をどのように表すかを明らかにするために、認知言語学の〈事態把握〉における〈主観性〉と〈客観性〉の理論に基づき、事態を描写する立場としての話者の視点を〈事態の内からの視点〉と〈事態の外からの視点〉という観点から検討する。その判定は、第2章で述べた視点の基本的な研究に取り扱われている〈受身表現〉、〈授受表現〉、〈移動表現〉などの表現の用い方とともに〈主語の明示・非明示〉の面も検討する。視点の判定基準の詳細は、次項で述べる。

3.1.2　視点の判定基準
　理論的な先行研究を概観した第2章でも言及したように、同じ認知言語学でも研究により視点の捉え方が異なる。日本語母語話者と日本語学

習者の相違を、両者の視点の表し方で調べた実証的な研究に、視点を単に〈話者の見る場所〉とし、ほぼ〈視座〉と一致する捉え方をしている場合もある（金慶珠2001）。しかし、一般的には〈視座〉・〈注視点〉の2つに分けて捉える場合が多い。

本書においては、視点の表し方を〈視座〉と〈注視点〉の2側面から検討する。

3.1.2.1 視座と視点表現

〈視座〉とは、話者がどこから事態を描くかという距離的／地理的な立場だけでなく、話者が誰の立場・誰寄りの立場から見ているかという心理的な立場も意味する（大江1975, 久野1978など）。この地理的または心理的視座は、言語表現により表される。

本書は、林（2004）、坂本（2005）、中浜・栗原（2006）、魏（2010a, b）、武村（2010）などを参考に、受身表現、授受表現、使役表現、移動表現、主観表現、感情表現の6つの表現を視座判定の構文的手がかり、すなわち、〈視点表現〉として分析・考察の対象とした。なお、これらの表現は、全て日本語の基準である。大江（1975）[4]が述べたように、話者の視点、〈主観性〉を表す日本語の移動表現や授受表現は、他の言語に形式的に相当する表現があるとしても全く同じ用法で用いられるわけではない。したがって、日本語の分析の対象となった視点表現は、ベトナム語の分析の基準に当てはまらない可能性が考えられる。しかし、ベトナム語では、日本語と同じような事態把握をするかどうか、日本語と同じ視座の制約があるかどうかは、調べられていない。そのため、本書は、まず、ベトナム語に対して、日本語の各視点表現に形式的に相当する表現を抽出し、これらの表現により話者の視座がわかるかどうかを検討する。以下は、分析の対象となる日本語の視点表現とそれに相当するベトナム語の言語形式、そして視座の判定方法（日本語の場合のみ）を述べる。

（1）受身表現

受身表現が使用されている場合、その被動作主つまり主語（表示されていない主語も含める）を〈視座〉とする。

・日本語の場合
　AはBにV(ら)れる　→　　Aを〈視座〉とする

・ベトナム語の場合
　A − bị / được − V　→　　Aは〈視座〉であるか
　　　被　　得

(II) 授受表現
・日本語の場合

　授受表現に関しては、先行研究（魏2010a, b; 武村2010）を参考にし、授受補助動詞「Vてあげる」「Vてもらう」「Vてくれる」と授受本動詞「もらう」「くれる」を視点表現として扱った。「あげる」は、中立視座を含むと先行研究でも指摘されているため、本研究では視点表現から除外した。各表現による〈視座〉の判定の詳細は次の通りである。

①「Vてあげる」が使用されている場合、その行為の与え手、つまり主語（明示されていない主語も含める）を〈視座〉とする。
　　AはBにNをVてあげる　→　　Aを〈視座〉とする
②「Vてもらう」及び「もらう」が使用されている場合、その行為の受け手つまり主語（明示されていない主語も含める）を〈視座〉とする。
　　AはBにNを（Vて）もらう　→　　Aを〈視座〉とする
③「Vてくれる」及び「くれる」が使用されている場合、その行為の受け手つまり目的語（明示されていない目的語も含める）を〈視座〉とする。
　　AはBにNを（Vて）くれる　→　　Bを〈視座〉とする

・ベトナム語の場合

　ベトナム語では日本語のように「あげる」と「くれる」の使い分けがないため、「(Vて) あげる」「(Vて) くれる」の区別もない。ベトナム語では、「物をあげる／くれる」に対しては、Cho（＝与える）となり、「行為をしてあげる／してくれる」に対しては、V cho（V与える）あるいはV giúp cho（V与える）となる。

A － Vcho/giúp　cho　B　→　Aは〈視座〉であるか
　　　　（V－与える）

(III) 使役表現
　使役動詞「Vさせる」が使用されている場合、その行為が働きかけの使役者（主語）を〈視座〉とする。

・日本語の場合
　　AはBにNをVさせる　→　Aを〈視座〉とする

・ベトナム語の場合
　日本語の使役表現は、ベトナム語では次のような2つの場合に分かれる。

　①A － để cho　　/　　bắt　B － V（他動詞）　→　Aは〈視座〉であるか
　　　（恩恵的使役）　（強制的使役）

　①での「V」は日本語であれば「他動詞」であり、この場合は日本語の使役表現（Vさせる）と同じ用法である。

　②A － làm/làm cho•khiến cho　B － V（他動詞／自動詞）
　　　（使役／使役－与える）　　　　（使役の結果）
　　　　　　　　　　　　　　　　　→　Aは〈視座〉であるか

(IV) 移動表現
・日本語の場合：「行く」と「来る」
　　Aは（Bがいる）場所へ　（Vて）来る　→　Bを〈視座〉とする
　　Aは（Bがいる）場所へ　Vていく　→　Aを〈視座〉とする

　移動表現の本動詞である「行く」は、上で説明した「あげる」と同様に、中立視座も含むことから、視点表現から除外した。

・ベトナム語の場合：「đi」と「đến」（あるいは「tới」）[5]

A ― (đi) đến[6] / V-đến ― （Bのいる）場所　→　Bは〈視座〉であるか
（来る／〜近くにV来る）

(V) 主観表現と感情表現

　主観表現や感情表現は人称制限があり、第三者の感情を表す際にはモダリティやアスペクトを伴わなければならないという特徴があることから、先行研究でも、視点表現であるとみなされ、構文的手がかりとして視座判断に用いられている（中浜・栗原 2006; 魏 2010a, b; 武村 2010 など）。本書では、従来の研究において用いられている「うれしい」、「恥ずかしい」などの表現の他、感情表現に近いと判断された「怒る」、「反省する」、「許す」などの表現も視点表現として扱った。これらの表現に対しては、日本語母語話者に判定を依頼し、テキスト全体を見て、話者の感情を表すと判定できた場合には、視点表現として扱うことにした。

　視座を判定した後、文章全体の視座の表し方の傾向を見るため、**視座の一貫性**（移動の傾向・固定の傾向）の判定を行う。視座を以下のように下位分類した[7]。

　移動の傾向
　　タイプ①：全体的に視座が移動する[8]
　　タイプ②：全体的に1人の登場人物に視座を置くが、一時的に他の
　　　　　　人物に移動する[9]
　　タイプ③：ほとんど客観的に描写する[10]が、一時的に登場人物に視
　　　　　　座を置く

　固定の傾向
　　タイプ④：文章の最初から最後まで視座を1人の登場人物のみに置
　　　　　　く
　　タイプ⑤：視座をどの人物にも置かず、文章の最初から最後まで客
　　　　　　観的に描写する

3.1.2.2 注視点と主語

本書における注視点の判定は、渡邊(1996)、武村(2010)に基づいて以下の基準を設定した。

◎能動態の文においては、動作主を注視点とする。
◎受動態の文においては、被動作主を注視点とする。
◎動作主体が言語化されていない場合には、動詞を手がかりとして動作主体を決定し、注視点とする。

文においては、主語に位置づけされる人物が注視点[11]となる。したがって本書では、注視点を主語と一致させ、その用い方を通して注視点を検討する。

基本的に1つの文に対して判定できる注視点は1つだけだが、複数の主語がある複文(例えば、「突然、ボールは黒シャツ君に当たって、ゲーム機が壊れてしまった。」)に対しては、判定できる注視点も複数となる。また、文の主語と主体が同一でない場合(例えば、「Aさんはボールが当たったことが原因でゲーム機が壊れたことに対して、少年を怒り、殴りつけました。」)、どこに注目し見ているかという〈注視点〉の概念に基づいて、主題を優先させることにした。注視点は、基本的に「は／が」の前の名詞(物・人)により判定する。主語が文に明示されない場合、その文の意味や文脈により判定する。

【注視点のタイプ】
注視点(主語)は、〈一貫性〉と〈明示性〉の2つの側面から検討し、以下のように下位分類し、分析する。

表3-1 注視点の一貫性

文章のタイプ	注視点のタイプ	判定記号
文章全体の注視点が移動	移動の傾向 (主語が変わるパターンが多い文章)	①
	固定の傾向 (主語が2つ以上の単文に固定するパターンや複文で主語が固定しているパターンが多い文章)	②
文章全体の注視点が固定(主語が文章全体に変わらない文章)		③

表3-2 注視点の明示性

文章のタイプ	注視点のタイプ	判定記号
移動の傾向	明示	①
	非明示	②
固定の傾向	全文・前節に明示	③
	1回のみ明示	④

3.2 第二言語習得の枠組み

　本書では、ベトナム人学習者を対象に、学習者の産出文章における視点の表し方の実態を明らかにする研究（研究2）と、視点の指導に対する効果的な指導法を探るための実験（研究3）を行った。研究2では、第二言語習得の理論に基づいて学習者の視点の表し方への影響として母語からの影響について研究した。研究3では、視点の指導法として、インプットからアウトプットまでの第二言語習得の認知プロセスの理論に基づいて学習者の〈気づき〉を重視する指導法の効果を論じる。本節では、第二言語習得における母語からの影響と認知プロセスについて述べる。

3.2.1　第二言語習得における母語の影響

　第二言語習得における母語の影響は、母語からの転移として一般的に把握され、「言語転移」（language transfer）と呼ばれている。学習者は、第二言語を学習する際、当然のことながら発音、語彙、文法などにおいて第一言語である母語の影響を受ける。言語転移は「正の転移」（positive transfer）と「負の転移」（negative transfer）に区分され、母語が第二言語習得に良い方向に影響する場合、「正の転移」（プラスの影響）と言い、悪い方向に影響する場合、「負の転移」（マイナスの影響）と言う。また第二言語の要素のうち、「学習者の母語に類似したものは学習が安易であり、異なったものは困難である」（山岡1997: 190）とされている。第一言語・第二言語間の類似性と言語習得との関係に関して、第二言語習得では言語間距離という概念が提唱され、「母語と第二言語の距離が近いほど、(1)転移が起こりやすい、(2)転移は正の転移となり、全体として学習が容易になるが、(3)母語と第二言語が違っている部分については間違いがな

くなりにくい」(白井2009: 10–11) とされている。

本書の第5章は、ベトナム人学習者に対し効果的な指導法を探る一環とし、第二言語習得における言語転移の理論を運用し、日本語とベトナム語の類似性を検討したうえで、学習者の産出文章における視点の表し方とベトナム語の影響を考察する。

3.2.2　第二言語習得の認知プロセス

第二言語習得における認知プロセスとは、学習者の認知面に着目した認知的アプローチの概念のことを言い、認知的アプローチとは、「認知心理学（cognitive psychology）や心理言語学（psycho-linguistics）の分野で、一般的な学習や記憶のメカニズムについて明らかにされたことを応用して、第二言語習得を説明しようと試みているもの」(村野井2006: 9) を言う。

第二言語習得では、認知プロセスを〈気づき〉(noticing)、〈理解〉(comprehension)、〈内在化〉(intake)、〈統合〉(integration) といった4つのプロセスから成るとし、〈気づき〉は、その初段階として論じている。そして、インプットの気づき、理解、内在化、統合などの認知プロセスが連続することで、アウトプットが可能になるという情報処理のモデル（図3-1）が主に用いられている (R. Ellis1994, 1997; Gass 1997; 村野井2006など)。村野井 (2006) は、この認知プロセスについて下記のように説明している。

> 「インプットの一部に学習者の注意が向けられると、そのインプットは「気づかれたインプット」(noticed input) になる。〈気づき〉に続く〈理解〉のプロセスにおいて、「気づかれたインプット」の言語形式、意味、機能の結びつきが理解された場合、それは「理解されたインプット」(comprehended input) となる。「理解されたインプット」がコミュニケーションを目的とした言語産出に使われるようになると、それは学習者の中間言語システムに取り込まれ始めたことであり、〈内在化〉のプロセスが進んでいると考えることができる。そのように内在化された言語知識は〈インテイク〉(intake) と呼ばれる。次の〈統合〉のプロセスを経て、〈インテイク〉が、自動的に運用できる「中間言語知識」[12] (interlanguage knowledge) としてさらにしっかりと学習者の中間言語システムの中に取り込まれる。」　　　　(村野井2006: 9)

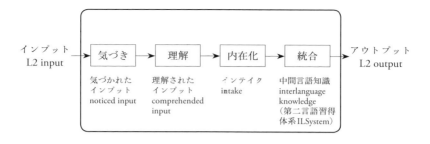

図3-1 第二言語習得の認知プロセス（村野井 2006: 10、JACET SLA 研究会 2013: 5 に基づく）

　岩中（2012）は、認知プロセスを「インプット→インテイク→中間言語体系→アウトプット」とし、インプットをインテイクにするためには、意味理解と言語形式の使われ方に対する理解、という2つの下位プロセス（2つのレベルの理解）が必要であるとしている。意味理解とは、インプットの伝える意味内容（言語形式と意味のつながり（form-meaning mapping））の理解である。言語形式の使われ方に対する理解とは、ある言語形式がどのように使用されるかについての理解である。岩中（2012）は、「インプットをインテイクに転換するためには意味理解と言語形式の使われ方に対する理解の2つのレベルの理解が必要である」と述べている。意味理解をさせるための最も簡単な方法は学習者の母語による説明（学習者の母語に訳す）であるが、この方法では学習者の母語を多用するため、学習者が受け取るインプットの量は減ってしまうことになる。そこで多くの例文を与えたりすることにより学習者自身の気づき（Noticing）を促すことで、学習者に理解させることができると述べている。
　以上のように、認知プロセスの捉え方は様々であるが、授業で伝える内容（インプット）を内在化、つまり定着させるために理解が必要不可欠である点は共通に指摘されている。そして、内在化に結びつく理解を学習者にさせる方法としては、言語形式への学習者自身の気づき促進が重要であると認知プロセスの研究は示している。
　本書では、認知プロセスの理論に基づき、視点の問題を学習者に意識させる指導法として〈気づき〉を取り入れ、学習者の〈気づき〉を重視

する指導法を試み、その効果を測っていく。〈気づき〉の定義及び第二言語習得における〈気づき〉の役割は、第6章で詳細に述べる。

注 [1] 「〈類像性〉（iconicity）とは、表現の形式が表現の内容（意味）をなぞらえることを言う」（徐2013: 40）。
[2] 池上（2003, 2004, 2006）は、話者が言語化しようとする事態をどの程度、〈自己―中心的〉（ego-centric, ego-centered）なやり方で行うか、すなわち、話者が問題の場面に自らの身を置き、体験の場の〈イマ・ココ〉に視座を捉えて事態把握をするか（主観的事態把握）、あるいは問題の場面から抜き出して場面の外から捉えるか（客観的事態把握）という主観的事態把握と客観的事態把握の違いを論じている。池上によると、日本語話者は〈主観的事態把握〉をする傾向があり、英語話者は、〈客観的事態把握〉をする傾向があるという。
[3] 中村（2004, 2009）は、Iモード（Interactional Mode of Cognition）とDモード（Displaced Mode of Cognition）という概念を提唱している。Iモードは、状況の観点から眺める認知モードであり、Dモードは状況外から眺めるモードであるとしている。中村によると、Iモードでは話者の視点は内置され、Dモードでは話者の視点は外置されるという。また、Iモードは日本語で優勢なモードである一方、Dモードは英語の物語文の言語表現に優勢な特徴であるとも述べている。
[4] 大江（1975）は、日本語の〈ユク・クル〉、〈ヤル・クレル・モラウ〉に相当する英語の表現は、日本語のように主観性を表す用法が見られないとしている。
[5] đếnの代わりにtớiを使うこともできる。移動の一般的な表現として、「đi」と「đến」しか考察しないが、ベトナム語の産出文章に「tới」が使われたら、「đến」と同じ意味で扱う。
[6] 「ある場所に来る」の「来る」は、ベトナム語で「đến」もしくは、「đi đến」で表す。
[7] レ（2012）とLe（2014, 2015）は、視座の〈固定の傾向〉と〈移動の傾向〉を検討するために〈固定視座〉、〈移動視座〉、〈中立視座〉の3つのタイプに分けて分析している。しかし、こうした分け方では、〈全体的に中立的な視座で語るが一時的に登場人物寄りの視座で書いた場合〉や〈全体的に1人の人物に視座を固定するが一時的に他の人物に移動した場合〉など〈移動〉、〈固定〉、〈中立〉の傾向が

	はっきりとしない文章に対して、どの視座のタイプにあたるかの判断が難しい。
[8]	2人以上の人物に視座を置く文章。
[9]	一回のみ視座を移動する。
[10]	中立的な視座で描写する。
[11]	注視点は、能動文の動作主、受身文の非動作主、つまり、文の主語にある。そこで本書で扱う主語は、話者の見る対象（物・人）として文法論における主語ほど厳密に扱わない。
[12]	学習者の目標言語についての知識体系は中間言語体系とも呼ばれる。

第4章 研究1：
ベトナム語と日本語の
事態把握と視点
――小説からの考察

本章は、ベトナム語話者の事態把握の仕方と視点の表し方を考察することを目的とし、日本語の小説とそのベトナム語訳文を比較する。具体的に、日本語と他言語の事態把握と視点を調べた認知言語学の研究における〈主観性〉と〈客観性〉を基準に、〈日本語〉と〈ベトナム語〉の事態把握を比較する。またその事態把握を表す視点は、〈視座〉と〈注視点〉の面から検討する。

本章では、第1節で日本語と他言語の事態把握と視点を比較した先行研究を概観したうえで、第2節で研究課題を述べる。第3節で調査の概要を説明し、第4節では調査の結果を述べ、第5節で考察を行う。最後に第6節では、本研究をまとめる。

4.1 先行研究

4.1.1 日本語と他言語の事態把握の相違に関する研究

第3章で言及したように、〈事態把握〉の仕方として、〈主観的事態把握〉と〈客観的事態把握〉に分けて論じた研究は、日本語と英語の対照から始められた。Langacker（1990）、池上（2000, 2003など）、中村（2004, 2009）は、英語が客観性の強い言語（客観的事態把握）であるのに対し、日本語は主観性の強い言語（主観的事態把握）であると指摘している。

最近、主観性が強い日本語と客観性が強い英語を基準とし、他言語の〈主観性〉、〈客観性〉を論じる研究が増えてきた。日本語と他の言語の事態把握や視点の違いを調べた研究では、韓国語、中国語、ロシア語がある。ここで、それらの言語と日本語の対比研究の結果を述べる。

盛（2006）は、川端康成の『雪国』を中心とした日本語原文と中国語訳

文を比較し、日中両言語における「動詞の使用」の頻度と「主語の明示」の頻度から〈事態把握〉の差異を分析している。その結果、中国語では、動詞や動詞句によっていつも動作主体に焦点が当てられるのに対し、日本語では、〈イマ・ココ〉[1]という談話の場があれば動詞の使用がなくても意味が取れると示している。また、主語を明示するか否かにおいても、日中両言語の捉え方がだいぶ異なっていると述べている。話者が自らを事態の中に置く把握の仕方、つまり、〈主観的把握〉を取ることが多い日本語では、主語を明示化しない場合が多いが、話者が自らを事態の外に置く事態の仕方、つまり、〈脱主観事態把握〉を取ることが多い中国語では、主語を明示することが多いと述べている。

　上原（2001）は、日本語と英語の他に、韓国語・中国語・ロシア語において移動表現、人の内的状態を表す表現、聞き手に対する心的距離を表す表現という3つの表現を取り上げ、〈主観性〉の度合いを測った。その結果、日本語が最も〈主観性〉が強い言語であり、韓国語、中国語、ロシア語はその中にあると述べている。

王安（2014）は、日本語の感情形容詞述語文を対象に、話者の関わり方によって感情形容詞述語文の主体性がどのように変動するかを考察し、「嬉しい」と「私は嬉しい」を代表とする感情形容詞述語文は、主観性が異なっており、異なる感情の状態を捉えていることを指摘している。また、日中感情形容詞の主体性について比較し、両者は主観性が異なるため、人称制限においても、表出用法においても振る舞いが異なると述べている。王安は、Langacker（1991, 2008など）のGrounding[2]の枠組み、Ground（G：言語行為の参与者：話者、聞き手）、MS（概念化の内容全てを含んだ最高領域）、IS（プロファイル[3]を特徴づけるうえで最も関連している領域）の概念を用いて、図4-1で両言語感情形容詞の主体性の相違を表している。図4-1に示されたように、日本語の「嬉しい」などの感情形容詞（図4-1の(a)）では、話者（G）は、MSの内にあり、そのまま表出される場合、極めて主体性の高い表現である。一方、「高興」などの中国語の感情形容詞は、そのままの形で感情の表出をなさない[4]ため、人称制限が起きることはなく、主観性の低い表現であると論じている。具体的に、話者の感情しか表せないという人称制限を持つ日本語の「嬉しい」などの感情形容詞は、そのまま表出される場合、極めて主体性の高い表現であり、話

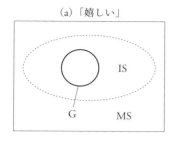 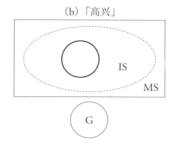

太線のサークル：焦点化された客体概念（プロファイルされた記述対象）
外側の点線のサークル：IS
□：MS
IS（Immediate Scope）：直接スコープ——プロファイルを特徴づけるうえで最も関連している領域
MS（Maximal Scope）：最大スコープ——念化の内容全てを含んだ最高領域
G（Ground）：言語行為及びその参与者（概念主体—話者、聞き手）

図4-1　日中感情形容詞の主体性の相違

者はその表出の参照点となり、常に暗示的に存在している。したがって、その表出には常に話者制限が起きる。それに対し、「高興」などの中国語の感情形容詞では、話者（G）は、MSの外にあり、参照点にならない。このため、「高興」は極めて主体性の低い表現である。この表現をそのまま発せられても、背景に感情主が存在せず、感情の表現を捉えられない。したがって、中国語で他很高興（「彼は嬉しい」）と表現しても感情の表出を表さないため、人称制限が起きない。

　徐（2009, 2013）は、主観的把握の傾向を中心に、韓国語話者と日本語・英語・中国話者と比較している。〈主観的把握〉の程度について、徐は韓国語話者も日本語話者も〈主観的把握〉の傾向が強いが、日本語話者に比べると韓国語話者の主観的把握の傾向が弱く、中国語、英語に比べると強いと述べている。また主語の明示・非明示の傾向について、主観的把握が強い母語話者では、主語の明示が少なく、客観的把握の傾向が強い母語話者では、主語の明示が多いことも示している。

　徐（2009, 2013）によると、日本語話者は事態に自らの身を置き、その事態の当事者として〈自己－中心的〉（ego-centered）なスタンスで事態を

見て〈主観的把握〉をする傾向があるのに対し、韓国語話者は、日本語話者よりも〈客観的把握〉のほうに傾くと指摘している。また、個別言語全体の特徴として〈主観性〉の度合いというものを考えた場合、韓国語は、英語より〈主観性〉の度合いは高いが、日本語のほうはそれよりさらに〈主観性〉の尺度が高いとも述べている。徐は、韓国語の〈主観性〉を主語の省略の現象から検討している。徐によると、日本語の主語の省略の原点は、日本語話者の〈好まれる言い回し〉としての〈主観的把握〉への強い傾斜であるという。また、徐（2013）によると、日本語では主語の位置に限らず、また一人称に限らず、〈ゼロ化〉が起こっている一方で、韓国語では、日本語で〈ゼロ化〉された表現が全て明示的に表現されているという。そして、それは、韓国語話者は、事態を客観的に、中立的に捉えるというスタンスだからだと述べている。さらに、韓国語が授受動詞を補助動詞的に用いず、かつ、一人称、二人称に相当する人物を明示するのは、この客観的・中立的な事態把握に起因するという（徐 2013: 203–204）。つまり、徐（2009, 2013）の結果は、日本語が、韓国語より〈主観性〉の高い言語であることを示している。

　先行研究における日本語、韓国語、中国語、英語の事態把握の傾向及び主語の明示・非明示の結果について、徐（2009）を参考に表4-1のようにまとめた。

表 *4-1*　日・韓・中・英における主語と事態把握

言語	主語	事態把握
日本語	非明示	主観的把握
韓国語	↓	↓
中国語	↓	↓
英語	明示	客観的把握

　表4-1でわかるように、話者が自らを事態の中に置いて描く〈主観的把握〉の場合は、主語を明示化しないことが多いのに対し、話者が自らを事態の外に置いて描く〈客観的把握〉の場合は、主語を明示することが多い。従来の研究で、ベトナム語話者の事態把握がどこに位置するかはまだ明確にされていない。

本研究では、基本構造が、主語—述語—目的語（S-V-O）語順である英語や中国語に似ているベトナム語の母語話者の事態把握の仕方を論じていきたい。そのため、視座とともに、主語（動作主）の明示・非明示の傾向をも検討することにした。

4.1.2 日本語母語話者と日本語学習者の視点と事態把握に関する研究

日本語教育の実証的研究では、談話における物語描写において、日本語母語話者は視点を一貫している傾向が強く、日本語学習者の産出日本語には視点の一貫性が見られないなど、日本語母語話者と日本語学習者との間に視点の表し方の相違があると報告しているものがいくつかある（田代 1995, 金慶珠 2008 など）。視点の表し方の相違をさらに事態把握の仕方に結びつけて、日本語母語話者と中国語を母語とする学習者を対象にアニメーションのストーリーを語る文章における視点の表し方を調べた奥川（2007）は、次のように述べている。

> 「談話展開において、事態の中に臨場し、主人公の立場から物事を捉えて表現する日本語話者の視点の表し方は、主観的把握の表れである。「主人公と自らの身を分離し、その姿を外から離れて見る」客観的把握をする日本語学習者とは異なる。要するに日本語母語話者と日本語学習者の視点の表し方の相違は、事態把握の仕方の相違に起因している。」
> （奥川 2007: 31）

〈視座〉、〈注視点〉と「事態把握」に関する奥川（2007）の結果を表 4-2 にまとめた。

表 4-2　日本語母語話者と日本語学習者の視点と事態把握

話者	視点		事態把握
	視座	注視点	
日本語母語話者	一貫する	移動する	主観的把握
中国語母語話者学習者	移動する	移動する	客観的把握

先行研究の結果から、主観的把握をする日本語母語話者は、視座を一

貫する傾向があるのに対し、客観的把握をする学習者は、視座を移動する傾向があると考えられる。事態把握と視点の表し方について、ベトナム語及びベトナム人日本語学習者を対象に調査した研究は、まだなされていない。そこで本研究で、ベトナム語話者の〈事態把握〉の仕方と視点の表し方を調査することにした。

4.2 研究課題

本研究では、日本小説原文とベトナム語翻訳文の視点の表し方を分析することで、ベトナム語話者と日本語母語話者の事態把握を比較する。日越両言語の事態把握の違いを明確にするために、以下の2つの課題を設定した。

課題1　視座と注視点の表し方について、原文と訳文に差があるのか。
課題2　視座と注視点について、原文と訳文に差があるのであれば、事態の〈主観的把握〉と〈客観的把握〉に関係があるのか。

上記の研究課題に対して、以下のような2つの仮説を設定した。

仮説1　日本語の基準をもとに、ベトナム語訳文における視座と注視点を判定した結果、日本語原文とベトナム語訳文で、同様の傾向が見られれば、ベトナム語の視点は、日本語の視点と同じような捉え方をすると結論する。一方、同様の傾向が見られなければ、ベトナム語における視点は、日本語と同じ捉え方ではないと結論する。
仮説2　日本語とベトナム語を判定した結果、両言語の視座と注視点の表し方に同様の傾向が見られれば、事態把握は類似していると結論する。一方、異なっている場合は、ベトナム語の事態把握は、日本語と同じ事態把握ではないと結論する。

4.3 調査の概要

4.3.1 資料

本研究の対象となる資料は、日本語の小説2冊（江國香織著『東京タワー』、東野圭吾著『秘密』）の中の1つの章と、そのベトナム語の翻訳文である[5]。資料は、金恩愛（2006）と徐（2009, 2013）を参考に、「1990年以降の作品、現代を背景にした作品、テキストに東京以外の方言が著しく混在していない作品」（徐2013: 8）という原則に基づいて選択した。さらに、本研究は、〈主観的把握〉の傾向が強いと言われる日本語の特徴である（話者が事態の中に臨場し、事態の内面から描く）という傾向がはっきり見られるように、話者が第三者で書かれたものにした。以下は、分析対象となる小説の内訳である。

小説1：江國香織（2001）『東京タワー』新潮社版
　　　　Kaori Ekuni 著 Trần Thanh Bình 訳（2001）『Tháp Tokyo』NXB Văn hóa-Văn nghệ Thành phố Hồ Chí Minh
小説2：東野圭吾（2001）『秘密』文藝春秋
　　　　Keigo Higashino 著 Uyên Thiềm-Trương Thùy Lan 訳（2010）『Bí mật của Naoko』Nhà xuất bản Thời đại

分析のデータとして、小説から主人公と他の人物が登場する1つの大きな場面（事態）を含む部分を選び、文〈注視点の判定〉と場面〈視座の判定〉ごとに分析する。視座は文単位では判定できない場合もあるので、場面で見ることにした。ストーリーの内容をもとに小説1の資料は9場面に、小説2の資料は13場面に分け、視座の判定を行った。注視点の判定は場面ではなく、文レベルでも判定できるので、基本的に文単位で見ることにした。

4.3.2 分析の枠組み

前述したように、本研究は、視点を〈視座〉と〈注視点〉の2つに分けて捉える。〈視座〉といった〈話者の見る場所／話者の語る立場〉は、

主に視点表現より判定する。〈注視点〉といった〈話者の見る対象〉は、主に文の主語・主題により判定する。これらの判定基準は、あくまでも日本語の基準であるため、ベトナム語には適切だとは言えない。しかし、ベトナム語の視点の概念が、筆者の管見では、明確にされていないため、本研究は、日本語の基準によりベトナム語の文章における視点の判定ができるかどうかを確かめることにした。〈視座〉と〈注視点〉の判定手順及び判定例は、以下に述べる。

4.3.2.1 視座の判定

話者がどこに視座を置くかは、視点表現の使用と文脈によって判定する。視点表現は、先行研究を参考に、①受身表現、②授受表現、③使役表現、④移動表現、⑤主観表現、⑥感情表現、の6つの表現とする。ただし、ベトナム語の表現の場合、日本語と同じように話者の視座を表す意味かどうかは不明であるため、視点表現として扱わない。これらの表現を日本語の視点表現に相当する言語形式として扱う[6]。

以下の表4-3は、日本語原文における視点表現とそれに相当するベトナム語の言語形式である。

表4-3　分析に扱う言語形式

言語形式	日本語（JP）	ベトナム語（VN）
①受身表現	「Vられる」	「bị/được」
②授受表現	「Vて　あげる／くれる／もらう」 「あげる(*)／くれる／もらう」	「V-cho」
③使役表現	「Vさせる」	「bắt/làm/khiến cho」
④移動表現	「Vて行く／来る」 「行く(*)／来る」	「V-đi/V-đến」 「đi/đến」
⑤主観表現	「〜と思う／考える」など	
⑥感情表現	「感動する／後悔する」など 「嬉しい／痛い」など	

（＊）視点表現として扱わない場合もある[7]

4.3.2.2 注視点の判定

話者がどこに焦点を当てて捉えるかは、JPでもVNでも同様に述語と文脈により判定する。第3章の3.1.2.2（注視点の判定基準）で述べたよう

に、能動文の動作主と受身文の動作主、つまり文の主語を話者が見る対象（注視点）とする。

　主観的把握をする言語であるか、客観的把握をする言語であるかを判定するために、主語の明示性を検討する研究は多い（奥川2007, 徐2009など）。本研究も、日本語とベトナム語における主語の明示・非明示の傾向を検討し、両言語における事態把握と視点を比較する。

4.3.2.3　場面における〈視座〉と〈注視点〉の判定例

　本項では、JPとVNのそれぞれの判定例を挙げる。JPは、小説1（「東京タワー」）の場面2を、VNは、小説2（「秘密」）の場面2を例として取り上げる。JPに対しては、まず視点表現を抽出し、その視点表現と前後の文脈により視座を判定する。次に各文・各節の主語・主題を判定し、その主語や主題により〈注視点〉を判定する。VNに対しては、日本語に直訳してからJPとほぼ同じ基準で〈視座〉と〈注視点〉の判定を行う。つまり、注視点は、基本的に文レベルで判定するが、視座は、文レベルではなく場面レベルで判定する。以下は、日本語原文とベトナム語訳文における視座・注視点の判定例である。

判定資料
- 日本語原文《場面2（JP2）のJ6–J13[8]、p.63》
　…　一度、詩史に誘われて写真家の個展に行ったことがある。ビルの中の小さなギャラリーで透と詩史の他に、客は一人しかいなかった。詩史はその写真家と親しそうだった。肩に手をかけてひきよせあい、外国人のように頬をつける挨拶をした。写真家はやや戸惑いぎみに、しかし上手にそれを受け止めた。詩史の両肩に手を置いた。はっきり憶えているのだが、その瞬間、透は二人の関係や接触にではなく、写真家の年齢にはげしく嫉妬した。この男は、自分の知らない―そしてもはや永遠に知ることのない―詩史を知っているのだ。そう思うと腹が立った。…
- ベトナム語訳文《場面2（VN2）のV7–V12[9]、pp.55–56》
Có lần Shifumi rủ cậu đi xem một triển lãm ảnh cá nhân. Hôm đó, ngoài hai người chỉ có đúng một khách vào xem. Có vẻ đã thân quen với tay nhiếp ảnh, Shifumi

đặt hai tay lên vai lão ta, rướn người chạm má, chào hỏi như kiểu ngoại quốc khiến lão ta hơi lúng túng dù vẫn khéo léo khẽ ôm lấy hai vai đáp lễ. Khoảnh khắc ấy, đột nhiên ngọn lửa ghen tuông trong Toru bùng cháy, nhưng không phải vì mối quan hệ hay sự đụng chạm giữa hai người, mà là cậu phát ghen với tuổi tác của lão nhiếp ảnh gia ấy. (...) Hẳn lão biết về một Shifumi mà mình chưa biết và có lẽ vĩnh viễn không thể nào biết được. Ý nghĩ đó khiến Toru sôi máu.

判定過程及び結果

… 〈透は〉[10]一度、詩史に**誘われて**[11]写真家の個展に行ったことがある。ビルの中の小さなギャラリーで透と詩史の他に、客は一人しかいなかった。詩史[12]はその写真家と親しそうだった。〈詩史は〉肩に手をかけてひきよせあい、外国人のように頬をつける挨拶をした。写真家はやや戸惑いぎみに、しかし上手にそれを受け止めた。〈写真家は〉詩史の両肩に手を置いた。はっきり憶えているのだが、その瞬間、透は二人の関係や接触にではなく、写真家の年齢にはげしく**嫉妬した**。この男は、自分の知らない——そしてもはや永遠に知ることのない——詩史を知っているのだ。〈透は〉そう思うと**腹が立った**。…
判定の結果：・話者が〈透〉の視座で描いている
　　　　　　・注視点：〈透〉→詩史→〈詩史〉→写真家→
　　　　　　　　　　　〈写真家〉→透→〈透〉

(2) ベトナム語訳文・場面2（VN2）の〈V7–V12〉(pp.55–56)

| Có lần | Shifumi | rủ | cậu | đi | xem | một | triển lãm | ảnh | cá nhân. |
| ある度 | 詩史 | 誘う | 彼 | 行く | 見る | 一つ | 展覧会 | 写真 | 個人 |

| Hôm đó, | ngoài | hai | người | chỉ có đúng | một | khách | vào | xem. |
| その日、 | 以外 | 二 | 人 | だけいる | 一 | 客 | 入る | 見る |

| Có vẻ | đã thân quen | với | tay nhiếp ảnh, | Shifumi | đặt | hai tay |
| らしい | 親しかった | と | 写真家 | 詩史 | 置く | 両手 |

| lên | vai | lão ta, | rướn | người | chạm | má, | chào hỏi |
| 上に | 肩 | そのおじさん | 前向き | 身体 | つく | 頬 | 挨拶 |

| như | kiểu | ngoại | quốc | khiến | lão ta | hơi | lúng túng |
| ように | スタイル | 外 | 国 | させる | おじさん | 少し | 戸惑う |

dù văn	khéo léo	khẽ	ôm lấy	hai vai	đáp lễ.	Khoảnh khắcấy,
ても	うまい	軽く	抱く	両肩	返礼	その瞬間

đột nhiên	ngọn lửa	ghen tuông	trong	Toru	bùng cháy,	nhưng
突然	火	嫉妬	中に	透	燃え上がる	でも

không phải	vì	mối quan hệ	hay		sự đụng chạm	giữa
ではなく	ため	関係	あるいは		接触	間

hai người,	mà là	cậu	phát ghen	với	tuổi tác	của
二人	それは	彼	嫉妬する	と	年齢	の

lão nhiếp ảnh gia ấy. (…)		Hắn	lão	biết	về	một
あの写真家		でしょう	おじさん	知る	について	一つ

Shifumi	mà mình	chưa biết	và		có lẽ	vĩnh viễn
詩史	自分	知っていない	そして		多分	永遠

không thể nào	biết được.	Ý nghĩ đó	khiến	Toru	sôi	máu.
できない	知れる	その思い	させる	透	沸騰する	血

直訳：一度詩史は彼を個展を見に行くのを誘ったことがある。（その日、見に行った客は二人の他、一人しかいない）。写真家と親しかったらしく、詩史は彼[13]の肩に両手を置き、前のほうに身体を出し、外国人のように彼と挨拶し、（その挨拶で）彼が少し戸惑うが、軽く両肩を抱き、上手に挨拶を返した。その瞬間、突然透の中で嫉妬の火が燃え上がったが、二人の関係あるいは接触だからではなく、それは〈彼は〉その写真家の年齢に嫉妬した。彼が自分の知らない、多分永遠に知らない詩史を知っているだろう。その考えで透は血が沸騰した。

<u>判定の結果</u>：・視座：前半〈不明〉[14]、後半〈透〉

　　　　　　・注視点：詩史→詩史・写真家→
　　　　　　　　　　　透（の嫉妬の火）→透（の血）

4.4　調査の結果

4.4.1　視座の表し方について

　視座について、まず、分析の対象となっている小説（文章）に、話者がどの人物に視座を置くか、または、話者の視座がどのように表されてい

るかを検討する。

　日本語原文とベトナム語訳文の各場面における話者の視座は、以下の表4-4と表4-5の通りである。

表4-4　小説1『東京タワー』における話者の視座

場面	視座	
	JP	VN
場面1　（J1–J9）	透	不明
場面2　（J10–J16）	透	不明　　透（J13–J15 = V11, 13）
場面3　（J17–J28）	透	詩史（J18 = V23）　　不明
場面4　（J29–J34）	透	透（J30 = V23）　　不明
場面5　（J35–J39）	透	不明
場面6　（J40–J55）	透	透
場面7　（J56–J68）	透	不明　　透（J59 = V46）
場面8　（J69–J79）	透	透（J72 + J73 = V68 + V69） 詩史（J74 = V70）
場面9　（J80–J98）	透	透（J91 = V85, J98 = V93）

表4-5　小説2『秘密』における話者の視座

場面	視座	
	JP	VN
場面1　（J1–J5）	平介	不明
場面2　（J6–J10）	平介	不明　　平介（J10 = V10）
場面3　（J11–J20）	平介	不明 平介（J13 + J14 = V13 + V14）
場面4　（J21–J28）	平介	不明
場面5　（J29–J40）	平介	不明
場面6　（J41–J46）	平介	不明
場面7　（J47–J56）	平介	不明
場面8　（J57–J59）	平介	不明
場面9　（J60–J77）	平介	不明　　平介（J76 = V60 + V70）
場面10　（J78–J99）	平介	不明
場面11　（J100–J111）	平介	不明
場面12　（J112–J124）	平介	平介（J114–J116 = V105–V107, J118 = V110, J122–J124 = V113–V114）
場面13　（J125–J156）	平介	不明

表4-4と表4-5を見ると、小説1と小説2のどちらにおいても、JPでは視座が1人の人物（小説1：透、小説2：平介）に固定される一方、VNでは、視座が不明であったり、他の登場人物に置いたりしていることがわかった。以下は、日本語原文とベトナム語訳文の視座の比較の例である。

【*JP*と*VN*における視座が一致している場合】小説1からの例
J13–J14
あったのかな、とだけ平介は<u>思った</u>。何があったのか、詳しく知ろう<u>という</u><u>気は起きなかった</u>。
<u>判定の結果</u>：・話者の視座：〈平介〉←主観表現と文脈で判定できる
　　　　　　　・注視点：〈平介〉→〈平介〉

V13–V14
Chuyện gì　　thế nhỉ,　　ý nghĩ　　của　　Hirasuke　　chỉ
何事　　　　かな　　　思い　　　の　　　平介　　　　だけ

dừng lại　　ở đó.　　Gã　　không buồn quan tâm xem　　chuyện gì
止まる　　そこに　　彼　　気を配りたくない　　　　　　何が

đang diễn ra.
起こっている

直訳：何があったのかな、平介の思いはそこだけ。彼は何が起こっているかに興味がない。
<u>判定の結果</u>：・話者の視座：〈平介〉←表現と文脈で判定できる
　　　　　　　・注視点：〈平介の思い〉→〈平介〉

【*JP*と*VN*における視座が一致していない場合】小説1と小説2からの例
小説1
J6
一度、詩史に<u>誘われて</u>写真家の個展に行ったことがある。
<u>判定の結果</u>：・話者の視座：〈透〉の視座←受身表現と文脈で判定できる
　　　　　　　・注視点：〈透〉

V7
Có lần	Shifumi	rủ	cậu	đi	xem	một	triển lãm	ảnh	cá nhân.
ある度	詩史	誘う	彼	行く	見る	一つ	展覧会	写真	個人

直訳：一度詩史が彼を個展を見に行くのを誘ったことがある。
判定の結果：・話者の視座：〈透〉の視座ではない←中立的視座
　　　　　　・注視点：〈詩史〉

小説2
J64
ご飯でさえ直子が出発前に大量に炊いていってくれたものだ。
判定の結果：・話者の視座：〈平介〉寄りの視座
　　　　　　　　　　　　　　　　　←授受表現と文脈で判定できる
　　　　　　・注視点：〈直子〉

V59
Ngay cả	cơm	Naoko	cũng	nấu sẵn	cho	gã
でさえ	ご飯	直子	も	炊いておく	与える	彼
một nồi đầy	trước khi	khởi hành.				
鍋一杯	前に	出発				

直訳：ご飯でさえ、出発前に直子が彼に鍋一杯炊いておいた。
判定の結果：・話者の視座：〈彼〉（平介）ではない←中立的視座
　　　　　　・注視点：〈直子〉

4.4.2　注視点の表し方について

表4-6　固定注視点の実態

比較内容		小説1		小説2	
		JP	VN	JP	VN
文数	総文数	98 (100)	93 (100)	152 (100)	147 (100)
	固定している文数	56 (57.1)	38 (40.8)	79 (52.0)	64 (43.5)
	固定していない文数	42 (42.9)	55 (59.2)	73 (48.0)	83 (56.5)
固定パターン[15]数		22	12	31	21

（　）内の数値は、％

注視点の一貫性について、表4-6でわかるように、JPでは固定している文の割合（小説1：57.1%、小説2：52.0%）が、固定していない文の割合（小説1：42.9%、小説2：48.0%）に比べて大きい。一方、VNでは、その反対の傾向が見られた（40.8%と43.5%対59.2%と56.5%）。

　JPとVNの固定パターン数を比較すると、JPはVNより固定パターンが多いことがわかった（小説1は22回対12回、小説2は31回対21回）。このことから、VNはJPより注視点の移動が多いと考えられる。

　注視点の明示性について、JPでは、場面の初文のみに明示する割合が高く（小説1は72.8%、小説2は61.3%）、場面全体に明示する割合と場面の初文と途中で明示する割合が小説1も小説2も10%未満で、低い。それに対し、VNでは、場面の初文のみに明示する場合と場面の初文と途中で明示する割合は、両小説においても0%だが、場面全文に明示する割合が、高かった（小説1は100.0%、小説2は95.2%）。すなわち、日本語原文で主語をいちいち明示されていなくても、ベトナム語訳文では、ほとんど全部明示されている。

表4-7　固定パターンにおける注視点の明示・非明示の実態

場面のタイプ	場面数			
	小説1		小説2	
	JP	VN	JP	VN
	22 (100)	12 (100)	31 (100)	21 (100)
場面全体に明示	1 (4.5)	12 (100.0)	2 (6.4)	20 (95.2)
場面全体に非明示	4 (18.2)	0 (0.0)	4 (12.9)	0 (0.0)
場面の初文のみに明示	16 (72.8)	0 (0.0)	19 (61.3)	0 (0.0)
場面の初文と途中で明示	1 (4.5)	0 (0.0)	3 (9.7)	0 (0.0)
場面の初文に非明示だが途中で明示	0 (0.0)	0 (0.0)	3 (9.7)	1 (4.8)

（　）内の数値は、%

4.4.3　〈視座〉・〈注視点〉と〈事態把握〉との関係

　日本語原文では、最初の場面から最後の場面まで小説の主人公に視座を置き、一貫した視座で出来事を描写する傾向が見られた。一方、注視点は、必ずしも固定はしないが、文章全体を見ると、固定している文数のほうが多いことがわかった。また注視点の明示については、固定パタ

ーンの初文のみに明示する傾向が見られた。

　それに対し、ベトナム語訳文は、主観表現や感情表現などが用いられる場面では、話者の視座が出来事の参与者（小説の登場人物）に置かれていることは判定できても、話者の視座が1人の登場人物に固定するわけではなかった。また、話者の視座が判定できる場面でも、必ずしも原文における話者の視座と一致していなかった。さらに、原文で授受補助動詞や移動補助動詞が使われている場面では、話者の視座は、判定できない本動詞に訳され、中立的視座の文章になっていた。注視点は、1つの注視点に固定しない日本語原文と同様の傾向は見られたが、ほとんど全ての注視点が文に明示されている点は、日本語原文とは異なっていた（表4-7参照）。

　ベトナム語訳文には視座の制約が見られず、視座の置き方及び注視点の表し方も原文とは異なっていたことから、ベトナム語には、日本語のように視座一貫性の制約が存在していない可能性が考えられる。小説の作者と異なった視座で書かれた訳文において、作者の気持ちが十分に表現されているかどうかは、本書では検討できないが、原文に明示されていない主語（注視点）が訳文に明示されているという点を鑑みるに、ベトナム語では視座と注視点の一貫性よりも注視点の明示が重要であると言えるだろう。

　ベトナム語訳文に見られた視座と注視点の表し方は、従来の先行研究で指摘されている〈客観性〉が強い言語の特徴にほぼ一致している。このことから、ベトナム語は、〈主観的把握〉ではなく、より〈客観的把握〉に近い言語であると考えられる。

4.5　考察

4.5.1　日本語とベトナム語における視座と視点表現について

　日本語の受身表現、使役表現、主観表現、感情表現は、言語形式的にも意味的にも直接対応するベトナム語がある。そのため、これらの表現は、安易にベトナム語に訳すことができる。しかし、授受表現と移動表現は、授受補助動詞と授受移動動詞という言語形式はあっても、日本語の意味に直接対応する動詞がない。「Vてあげる／Vてくれる／Vてもらう」あるいは「Vていく／Vてくる」に対して、ベトナム語に本動詞

【V】の部分は訳すことができるが補助の部分は直接的に訳すことができない。以下の例を見てわかるように、「直子が炊いてくれた」に対しては、「直子が彼に炊いた」と訳されていた。原文では、授受表現の使用により、話者が2人の人物の中の平介寄りに視座を置くことがわかったが、訳文では、どの人物寄りの視座か判定できない。

J64
ご飯でさえ直子が出発前に大量に炊いていって<u>くれた</u>ものだ。

V59
Ngay cả cơm Naoko cũng nấu sẵn cho gã một nồi đầy trước khi khởi hành.
直訳：ご飯でさえ、出発前に直子が 彼に 鍋一杯 炊いて おいた／炊いた。

授受補助動詞も含んだ授受表現は、動作のやりもらいを表す場合の他、利益や恩恵の授受を表す場合も多い。利益や恩恵の授受を表す授受表現を用いることにより、話者は「利益や恩恵」の「与え手」に視座を置くか、「受け手」に視座を置くかを表すことができる。しかし、授受表現、特に「くれる」に相当する表現がある言語は非常に少ない（横田2009；徐 2009, 2013 など）。本研究の調査からも、日本語原文にある授受動詞及び授受補助動詞に対しては、全て話者の視座が判定できない本動詞に訳されていた。このことから、ベトナム語には、授受表現のように言語形式的に日本語の視点表現に相当する表現があっても、話者の視座を表すような用法を持っていないことが示唆される。

4.5.2 日本語とベトナム語における注視点と主語について

上記の例（J64, V59）を見て注目すべきことは、訳文には「炊いてくれた」の授受動詞「くれる」がなくても、ベトナム人の読み手には違和感を与えないことである。また、原文には明示されていない「彼に」が、訳文には明示されていた。つまり、視座の一貫性及び授受表現の用い方で、〈受け手〉である〈彼〉を〈ゼロ化〉するという現象は、ベトナム語には見られない。

視点表現の用い方により〈視座の一貫性〉が反映されることについて

は、以下の例（J6, V7）で見ていく。

J6
一度、詩史に**誘われて**写真家の個展に行ったことがある。

V7
Có lần Shifumi rủ cậu đi xem một triển lãm ảnh cá nhân.
直訳：一度詩史が彼を個展に見に行くのを誘ったことがある。

　原文には、「誘われる」という受身表現が使われている。文レベルで見ると、前半を「詩史が誘った」、後半を「（透は）写真家の個展に行った」にしても伝える内容は変わらない。しかし、この文との前後関係、つまり、ストーリー全体の談話レベルで見ると、「主人公」の視座に置いて語った「詩史に誘われて、個展に行った」という原文の書き方のほうが、日本語母語話者にとって自然な文章となる。
　ベトナム語では、V7（「一度詩史が彼を個展に見に行くのを誘ったことがある」）の翻訳の仕方以外は、「Có lần cậu được Shifumi rủ đi xem một triển lãm ảnh cá nhân」（一度彼は詩史に個展に行くのを誘われた）と訳すこともでき、受身表現を使っても使わなくても、読み手に違和感は与えない。ただし、どちらの言い方においても、「誰がしたか」（行為の主体）、「誰がされたか」（行為の客体）を明確にしなければ、正しい文にはならない。
　日本語には、文脈における視座の一貫性があるため、多くの場合に文に行為の主体（主語）あるいは行為の客体を明示しなくてもいいのに対し、ベトナム語では、行為の主体と客体を明示しなければならない。このことから、視点の問題を考察する際には、日本語の場合、話者がどこから見ているか、その視座が一貫されているかが重要になる。文脈における視座の一貫性がなければ、文の自然さやわかりやすさも失われる。一方、ベトナム語の場合は、話者がどこから見るかよりも、どこを見ているか、その対象が明確にされているかが重要であるため、特別な場面でない限り主体（注視点）と客体を文に明確にしなければ、非文となるし、文脈のわかりやすさにも大きく影響する。この点は、徐（2013）が述べている「韓国語訳では、日本語で「ゼロ化」された表現が全て明示的

に表現されている」(徐2013: 203)に類似している。また、「話者が誰の立場から語ったか」を表すよりも、「誰が行為の主体か」「誰が行為の客体か」を明示するほうがベトナム語話者にとって自然でわかりやすいことも示唆される。本研究は、〈視座〉と〈注視点〉を中心に考察するために、〈主語の省略〉以外の省略を検討しないが、今後はベトナム語と日本語の談話の違いとして、主語以外の部分の〈明示・非明示〉の特徴をも検討することが必要だと考える。

先行研究で明確にされたように、主観的把握の強い日本語の談話は、視点を一貫するため、主体を含む事態の関与者が文にいちいち明示されない傾向がある。それに対してベトナム語の談話では、視座の一貫性が見られず、事態の関与者・動作の参与者は明示される。これは、客観的に事態を把握する言語の特徴に似ている。ベトナム語の談話で、事態の関与者の〈ゼロ化〉現象が起こらないのは、ベトナム語話者が、事態を描写する際に、事態を外から観察し、客観的に描写しているからと考えられる。

4.6 まとめ

本研究は、日本語小説の原文（2冊）とベトナム語訳文（2冊）における視点の表し方を比較分析し、日本語母語話者とベトナム語話者の事態把握の仕方を考察した。日本語小説の原文は、第三者としてストーリーを語る際であっても、場面の中に身を置いて描写している。視座を小説の主人公に一貫し、注視点は、ほとんど場面の初文にしか明示されていなかった。それに対し、ベトナム語訳文は、視座を複数の登場人物に移動したり、中立的視座で描写したりするなど、主人公に一貫せず、注視点は、基本的に全ての文に明示されていた。この結果から、ベトナム語話者訳者が、日本語の小説を訳すときに、日本語母語話者作者と同じ視点の表し方をしていないことがわかる。また、原作の視点と訳文の視点が一致していなくても、読み手に違和感を与えていない。これは、ベトナム語における視点が、日本語の視点と同じ捉え方ではないからであろう。ベトナム語の視座と注視点は、これまで認知言語学の研究で指摘されている〈客観的事態把握〉の特徴と類似していることから、ベトナム語は、〈主観性〉が低く、客観的把握をする言語であると示唆される。

注 [1] 発話時点／話し手自身が発話時に位置する現場。主観的把握は話し手をゼロ化して、話し手のイマ・ココを認知基盤の絶対的中心にするものである（堀江2008）。
[2] Groundingは、概念化を行う際に概念化の主体と概念化される客体の関係のあり方を捉えるものである（王安2014: 191）。
[3] プロファイルは、Langackerの提唱した概念である。ある認知の領域において特性の部分、またはそれが際だっていることである。
[4] なお、中国語の感情形容詞は質問に対する回答としてそのままの形で用いる場合がある（王安2014: 199）。
[5] 小説の日本語の原文と訳文を比較することにした理由は、「同一の内容を異なった言語で表現できる場を得られるという利点がある」（徐2013: 8）からである。
[6] 例えば、ベトナム語の「授受動詞（V-cho）」は、話者と与え手・受け手との関係を問わず「V－与える」の意味を表す全ての場合に使用されるため、日本語のように話者の視座を表す意味ではない可能性もある。受身表現、使役表現、移動表現も日本語と同じように話者の視座を表す意味であるかどうかは不明である。
[7] 「あげる」に対して「渡す・支える」の意味で用いられる場合、つまり中立的な視座で用いられる場合もある。同様に「行く」も、ある場所からある場所まで「移動する」という意味では、中立視座で用いられる場合もある。したがって、「あげる」／「行く」の場合は、視点表現として扱えるかどうかは文脈や文での意味により判断する。
[8] J-番号：基本的に「。」ごとに数えた日本語原文の文番号。例：〈J6–J13〉は、分析の対象となった日本語小説2のデータにおける文No.6から文No.13までのことである。
[9] V-番号：基本的に「。」ごとに数えたベトナム語訳文の文番号。例：〈V7–V12〉＝文No.7～No.12。
[10] 〈 〉の中は、非明示注視点（＝文に明示されていないが述語の用い方及び文脈によって判定された注視点）である。
[11] ゴシック体かつ下線を引いた箇所は、視点表現である。
[12] □の中は、明示注視点（＝文に明示された注視点）である。
[13] ここの「彼」は中年以上の男性を指す代名詞である。
[14] 「不明」とは視座がどこにあるか、明確ではないことである。
[15] 主語が2つ以上の単文に固定する場合や複文で主語が固定する場合を固定パターンとする。

第5章 | 研究2：
ベトナム人日本語学習者の
産出文章に見られる視点の表し方

前章では、日本語とベトナム語の事態把握及び視点の相違を考察した。日本語教育現場でも言及されていない視点の問題は、日本語に比べて客観的把握をする傾向が強いベトナム人学習者には意識がないことが推測される。事態把握の異なった学習者は、文レベルでは問題なく正確に日本語を産出できたとしても、談話レベルでは視座が不統一なため、産出した日本語が不自然であると先行研究でも明らかにされている（田代1995; 奥川2007; 魏2010a, bなど）。本研究は、ベトナム人日本語学習者に視点の表し方の問題が存在しているかどうかを産出の面で検討することを目的とする。具体的に、学習者と日本語母語話者の視点を調べた先行研究を参考に、物語描写という手法を用い、ベトナム人日本語学習者の文章における視点の表し方を検討する。学習者の産出文章を日本語母語話者及び日本語学習歴のないベトナム語母語話者の文章と比較することにより、学習者の視点の表し方の特徴と、母語からの干渉を考察していく。

本章の構成は、以下の通りである。第1節で日本語学習者と日本語母語話者の視点の表し方の違いを調べた実証的な先行研究を概観する。第2節で本研究の目的、第3節から第5節まで調査について述べ、第6節で本研究をまとめる。

5.1 先行研究

日本語学習者と日本語母語話者の視点の表し方に関する先行研究は、視点を①〈視座〉（話者がどこから見ているか）、②〈注視点〉（話者がどこを見ているか）の2つの概念から考察したものが多い。また、先行研究では、

視座を判定するための構文的手がかりは〈視点表現〉と定義し、受身表現、授受表現、移動表現などに着目し分析したものもある。注視点は、主語の省略（明示性）の面で検討されている。本節では、5.1.1で〈視座〉と〈注視点〉の両方を検討した先行研究、5.1.2で〈視座〉とその判定手がかりである〈視点表現〉のみから論じた先行研究、5.1.3で〈注視点〉とその判定手がかりである〈主語〉のみから論じた先行研究を概観する。

5.1.1 〈視座〉・〈注視点〉の2つの側面から論じた研究

日本語学習者と日本語母語話者（JP）の視点を〈視座〉と〈注視点〉の両側面から比較した先行研究を表5-1にまとめた。

表5-1 視座と注視点の両側面から論じた先行研究

文献	調査対象者	調査方法・分析データ	主な結果
田代 (1995)	・JP 30名 ・中上級JSL学習者 　中国人30名 　韓国人30名	10コマ漫画描写の産出文章	・注視点は、全対象者の談話で移動していた ・視座は、JPでは主人公となる人物の視座を中心に述べていく傾向があるが、JSL学習者にはそのような傾向がなく、特に中国語母語話者は他の人物の〈視座〉から描写する傾向が顕著である ・学習者の文章が不自然となっている原因は、「主人公以外の人物」から描かれていること、つまり〈視座〉の表し方が母語話者と異なることによる
渡邊 (1996)	・JP 5名 ・中上級JSL学習者 　15名 　中国人5名 　韓国人5名 　ドイツ人5名	・4コマ漫画描写のオーラルナレーション（口頭描写） ・視点を3つのタイプに分ける 　「ある人物寄りの視点」 　「遠距離一焦点の視点」 　「中立視点」	・JPの視点には、〈固定注視点〉に受身や授受構文を使った「ある人物寄りの視点」のタイプが多い ・中国人とドイツ人の学習者は、〈移動注視点〉の傾向が強く、視点の類型に「中立視点」が多いことが特徴である。韓国人学習者は全体的にJPに近い傾向がある ・学習者全員が母語の影響を受けている傾向がある。学習者の日本語のわかりにくさの原因は、談話展開のスタイルの違いによるものである
金慶珠 (2001)	・JP 20名 ・中上級JFL韓国人 　学習者20名	・8コマ漫画描写の産出文章 ・学習者に日本語と韓国語の両言語で文章を書かせる ・視点は、主語と動詞の組み合わせにより、3つのタイプに分ける	・JPは、視点対象が置かれている状況により、「サレル型」と「ナル型」を多用するのに対し、学習者は特定の人物より動作の主体を中心に、「スル型」をより多用する傾向がある ・全体的に見ると、学習者は、主語と動

		①する型（動作主体＋能動動詞） ②される型（被動作主体＋受身動詞） ③なる型（無情主語＋能動・受身動詞）	詞の用い方において、母語である韓国語との間に強い類似性を示している
金慶珠 （2003）	・JP 30名 ・韓国語母語話者30名（日本語学習経験がない）	・9コマ漫画描写の産出文章 ・視点を述語により3つのタイプに分ける ①中立（スル、テイク） ②接近（サレル、テクル） ③投射（主観・感情表現）	・日本語の談話における視点対象の一貫性が、韓国語の談話より高い。韓国語話者は視点を事態の行為者に向ける傾向が顕著である ・日本語の談話における特定の視点対象への接近傾向は、韓国語の談話より強い
金慶珠 （2008）	・JP 100名 ・JFL韓国人学習者50名 上位群25名 下位群25名 ・日本人韓国語学習者50名 上位群25名 下位群25名	・21コマ漫画描写の産出文章 ・視点を視座と注視点に分けて捉える	・JPと韓国語母語話者は、いずれも主人公に〈視座〉を置く傾向が顕著である。しかし、JPは受動表現を多用する傾向があるのに対し、韓国語母語話者は主人公（行為主体）を主語に置き、移動表現などの直示表現を多用する傾向がある ・JFL学習者は、〈注視点〉の設定において日本語の熟達度により差がなく、韓国語母語話者と類似しているが、〈視座〉の設定においては、上位群と下位群に一定の相違が認められた ・日本人韓国語学習者は、〈注視点〉の設定において、韓国語母語話者と類似しており、JFL学習者と同様の傾向がある。また、〈視座〉の設定においては、上位群のほうが下位群より日本語母語話者に類似している ・学習者の視点に関しては、中間言語独自の傾向（〈注視点〉の置き方）と母語との類似性（〈視座〉の置き方）に基づく移転がともに認められた
林 （2004）	・JP 8名 ・上級JSL台湾人学習者18名 ・中国語母語話者18名（台湾人、日本語学習経験なし）	・12コマ漫画描写の産出文章 ・視座を判定する視点表現 ①受身表現 ②授受補助動詞 ・注視点は主語により判定する	・〈注視点〉は、言語にかかわらず全員移動していた ・〈視座〉は、JPは全員〈主人公〉に固定するが、学習者は約70％が「主人公」に、台湾人中国語母語話者は約67％が「主人公」に固定している
林 （2005）	・JP 8名 ・中級JFL台湾人学習者43名 学習時間の長さによるグループ分け ①JFL III　10名 ②JFL II　16名 ③JFL I　17名	・12コマ漫画描写の産出文章（林2004と同様） ・視点を3つのタイプに類型した ①固定視点 ②移動視点 ③中立視点	・〈視座〉に関しては、学習時間が長くなるにつれ、ある一定の人物に固定する傾向がある ・視点のタイプに関しては、「固定視点」の割合は、 JP 100％＞JFL（III）70％＞ 　　JFL（II）50％＞JFL（I）29％ という順である ・学習が進むにつれ、受身表現の習得が進んでいるが、授受補助動詞は受身表現のような傾向がない

謝 (2006)	・JP 30名 ・上級中国人学習者 　60名 　JSL30名 　JFL30名 ・中国語母語話者 　30名	・5コマ漫画描写の産出文章 ・視点：〈視座〉と〈注視点〉	・〈視座〉では、JPは固定させる傾向があるのに対し、学習者と中国語母語話者はともに移動させる傾向がある ・中国人日本語学習者の産出文章に見られる視点は、中国語母語話者の視点に類似している ・学習者の視点の表し方は、学習の環境よりも母語からの影響が強い
奥川 (2007)	・JP 20名 ・中級JSL学習者 　20名 ・上級JSL学習者 　20名	セリフのないアニメーション描写の産出文章	新登場人物が導入された場合、JPは〈注視点〉のみを新人物に移動し、〈視座〉を一貫して主人公に置く。学習者は、日本語のレベルに関係なく、いずれも〈注視点〉も〈視座〉も移動していた。こうした違いは、学習者の談話を不自然なものにしている原因の1つである
武村 (2010) 武村 (2012)	・JP 3名 ・中国人学習者5名	・パーソナル・ナラティヴ[1] 　（10トピック） ・漫画描写（3種類） ・視座のタイプ：4つ 　1人の視座　2人の視座 　3人の視座　なし ・視点表現：6つ 　授受表現　受身表現 　使役表現　移動表現 　主観表現　感情表現	・JPと学習者の視座と注視点の傾向には、パーソナル・ナラティヴのいずれのタスクにおいても大きな違いはない ・パーソナル・ナラティヴと漫画描写というタスクの違いにより、視座と注視点の違いがある。ナラティヴにおいては固定視座と移動注視点がないのに対し、漫画描写では視座・注視点ともに移動していた
王晶 (2014)	・JP 11名 ・上級JFL中国人学習者13名	・動画描写の口頭産出 ・フォローアップ・インタビュー	・JPと学習者のアニメーションによる発話では、視座の注視点の傾向が類似している。両者においても「移動視座」と「移動注視点」があり、大きな違いは見られなかった。しかし、場面により違いはある ・中国人学習者は、第一人称に置き換えて発話するほうが視点表現を用いやすい

注1：JSLはJapanese as a Second Languageの略語であり、日本で日本語を第二言語として学ぶ学習者のことである。

注2：JFLはJapanese as a Foreign Languageの略語であり、海外で日本語を外国語として学ぶ学習者のことである。

5.1.2 〈視座〉・〈視点表現〉から論じた研究

表5-2 視座と視点表現から論じた先行研究

文献	調査対象者	調査方法・分析データ	主な結果
大塚 (1995)	・JP 20名 ・中上級のJSL学習者21名	20コマ漫画描写のオーラルナレーション	・日本語の学習が進むにつれ、JSL学習者は視点表現が発達していく。また、感情移入の対象である視点人物を固定化し、話を進める傾向が強まり、視点の一貫性のルールも守られるようになる。さらに、視点人物に関する省略も増えていく ・ただし、受身表現、授受表現、移動表現の3種類の視点表現のうち、授受表現「(て)くれる」は全ての段階において出現率が低く、習得が進まない傾向がある ・「てあげる」「てもらう」などの文の主題の視点を取る表現は習得しやすく、「てくれる」などの視点を取らない表現は習得しにくい ・視点表現は、事象を話者に関係づける標識である。この標識がないと、聞き手にとって話に登場する事物の関係がつかめず、ばらばらに存在することになるので、視点表現を持たない発話は、つながりに欠けた不自然なものに聞こえる
中浜・栗原 (2006)	JP 39名	・5コマ漫画描写文章 ・自由に書かせる ・視座判定構文的手がかり 　①ヴォイス（受身） 　②授受表現 　③移動動詞 　④主観表現 　⑤感情表現	・JPが同一の局面では〈視座〉を登場人物の1人に置く割合が高い。会話文の挿入によって〈視座〉が移動しても不自然さにはならない ・最後のシーンで感情表現などの内面を描写する表現を用いるなど工夫をする傾向がある
渡辺・楊 (2008)	・JP 47名 ・JFL学習者30名	2つのアニメーション描写の産出文章	・アニメーションⅠ： JPは、受け手に視点を置く表現を多用しているが、学習者は中立の表現を多用している ・アニメーションⅡ： 学習者は、受益表現の数がJPより少ない
坂本 (2005)	・JP 10名 ・JSL中国人学習者20名 　中級10名 　上級10名	12コマ漫画描写の産出文章とオーラルナレーション	・全体的には筆記と口頭の異なる調査方法による結果の違いがない ・日本語レベルが上がると、よりJPに近い〈視座〉から描写ができるようになる ・学習者の視点の問題点は〈注視点〉ではなく、〈視座〉にある

坂本・康・森脇（2009）	・JP 63名 　中学生17名 　大学生43名	・10コマ漫画描写の産出文章 ・調査対象者に以下の2つのステップを実施し、比較する 　▪ 〈自由視座〉で 　▪ 〈固定視座〉（主人公になったつもりで描写する）	・JP中学生も大学生も「主人公のみ」の視座から描写する割合はほぼ同じである。この要因にはJPにとって自然な視座統一度で構成された発話や読み物に触れる経験の積み重ねがある ・中学生も大学生も「主人公と他の人物」の視座で描写する割合が高いが、中学生は大学生より多視座からの描写を行っていた。つまり、JPにおける主人公への視座統一は、「主人公と他の人物」の「他の人物」を減じていく過程を経る可能性がある ・固定視座の場合、中学生が約8割、大学生が約9割「主人公のみ」の視座から描写し、単にストーリーを描せた場合（自由視座）より大幅に視座統一度の度合いが進んだ。この結果から、学習者の視座統一度の程度が低い場合には、ストーリー性のある、主人公の明確な漫画を用いて、主人公の立場に立って描写するという訓練法を授業に取り入れるとよい
ラルアイソングタナパット（2014）	・JP 12名 ・中級JSL学習者 　タイ 12名	・10コマ漫画描写の産出文章 ・視座のタイプ： 　①主人公のみ 　②主人公以外の人物のみ 　③主人公とそれ以外の人物 　④構文的手がかりなし ・視点表現 　①受動表現 　②授受表現	・〈視座〉についてJPは、主人公に視座を固定して表現する傾向があるが、学習者には、主人公に視座を固定する傾向がなかった ・〈視点表現〉の使用状況について学習者は、JPに用いられない〈被害を表す受動表現〉を用いた。授受表現に関しては、学習者は〈視座を表す〉ためではなく〈誰がしてあげたか〉と事実を表すために用いた。視点表現の使用は学習者の母語からの影響を受けている ・視点表現の構文が定着した段階で、学習者に視座の固定という概念を意識させることが必要である
魏（2010a, b） 魏（2012）	・JP78名（A39名とB39名） ・台湾人学習者： 　上位群70名（A35名とB35名） 　下位群71名（A37名とB34名） ・対象者を2グループに分ける 　A：自由に描写 　B：特定の人物になったつもりで描写	・8コマ漫画描写の産出文章 ・視座の表し方 ・視座表現と日本語の熟達度 　視点表現： 　①受身表現 　②授受表現 　③移動表現 　④主観表現 　⑤感情表現 　⑥非視点表現	・JPでは、Aグループには移動視座と中立視座が見られたが、Bグループには見られなかった。したがって、関与者でない場合、話の場面展開によって〈視座〉を移動することも客観的に描写することもあるが、自分が関与者の立場になった場合には、基本的に〈視座〉を関与者である登場人物に置いて描写する。視点を意識することで授受表現と感情表現の使用が増加する。 ・学習者では、上位群も下位群もAB両グループにおいて固定視点の比率が移動視点や中立視点の比率より高い。Bグループでは、上位群も下位群も特定の登場人物を自分自身とし、一人称で描写する。視点表現の使用について、A

| | | | グループでは上位群と下位群との間にあまり差が見られなかった。両群ともJPより感情表現に頼って視座を示す傾向がある。Bグループは、全体的にAグループより視点表現の使用量が多い。つまり、視点を意識させると視点表現の使用が変化する。上位群の学習者は日本語母語話者に近づくような産出が見られた一方、下位群の学習者は指示にかかわらず、授受表現の使用が少なかった。つまり、たとえ視点意識があっても視点表現の習得が不十分で適切に使用できない場合もある。
・視点を意識させることは、上位群の学習者には役に立ったが、下位群の学習者にはあまり役に立たなかった。日本語力がまだ低い学習者にとっても視点意識より視点表現の習得が先である。 |

5.1.3 〈注視点〉・〈主語〉から論じた研究

表5-3 注視点・主語から論じた先行研究

文献	調査対象者	分析対象・調査方法	主な結果
末繁 (2014)	・JP 26名 ・中上級JFL学習者 　中国53名 　　中級学習者 　　29名 　　上級学習者 　　24名	・複文読みによる理解 ・注視点： 　主語の統一・不統一文 　主語の省略文	・JPと学習者ともに「〜てもらう」文においては、注視点が統一された文のほうが読みやすく、理解しやすい ・注視点が統一されていないうえに省略された主語が〈他者〉である「〜てもらう・不統一」条件の文が最も読みにくい ・視点の統一に加え、省略された主語が〈私〉であるという予測に基づく文処理が行われていた

5.1.4 先行研究のまとめ

前項で日本語母語話者と日本語学習者の視点の表し方を比較した先行研究を概観した。これらの研究の共通点は、以下の通りである。

①研究の対象者は、JFL、JSLともに行われている。
②視点の表し方を調べる調査の対象となった学習者の日本語レベルは、ほとんど全て中級以上である。

③調査に用いた手法は、漫画描写あるいはアニメーション[2]描写など、物語描写による手法が多い。

④分析データとしては、口頭より文章による産出が多い。また、学習者の産出を単文レベルではなく談話レベルで検討するものが多い。

⑤分析対象としての視点は、〈視座〉と〈注視点〉の2つについて分類し捉える研究がほとんどであるが、〈視座〉とその判定手がかりである視点表現のみや〈注視点〉のみを検討した研究もある。

⑥学習者と日本語母語話者との間に見られた〈視点の表し方〉の相違は、JSLかJFLかにかかわらず、どちらの環境の学習者も日本語母語話者と異なることが指摘されている。つまり、視点の表し方に関しては、学習環境より母語の影響が強いと考えられる。視点表現の使用頻度は学習者の日本語の熟達度に関わるが、視座の一貫性は日本語の熟達度にかかわらず、どのレベルの学習者にも問題が存在していることを指摘している研究が多い。

⑦視座の一貫性は日本語談話の自然さに強く影響し、注視点の一貫性は日本語の理解（わかりやすさ）に強く影響すると指摘されている。

なお、学習者の視点の表し方に関する先行研究の対象は、中国人、または台湾人、韓国人日本語学習者が多く、ベトナム人学習者を対象とした日本語母語話者との比較研究は、管見の限りではない。

5.2 研究の目的

本研究は、ベトナム人学習者に他の言語母語話者の日本語学習者と同様に視点に関する問題が存在しているかどうかを明らかにすることを目的とし、ベトナム人学習者の視点習得の実態を調査することにした。

具体的に、〈視座〉と〈注視点〉の表し方について、(1) 学習者と日本語母語話者との間に差があるのか、(2) あるとすれば学習者の母語からの影響があるのか、学習者の日本語熟達度に関係があるのか、の2点を明らかにする。

5.3　調査の概要

5.3.1　調査対象者

調査対象者は、ベトナム語を母語とする日本語学習者（以下、「学習者」あるいは「VJ」）44名、日本語母語話者（以下、「JJ」）22名、日本語学習歴のないベトナム語母語話者（以下、「VV」）22名である。VJはベトナム国内の大学に在学し、来日歴のない日本語を専攻する3年生であり、JJは日本国内の大学に在学する3年生である。そして、VVはベトナム国内の大学・ベトナム学科に在学している3年生である。

視点の表し方が学習者の日本語の熟達度に関連しているかどうかを調べるために、学習者に対しては、SPOT Ver.2[3]を実施し、その得点に基づき、比較的レベルが高い上位群学習者（以下、「VJ上位群」）22名と、比較的レベルが低い下位群学習者（以下、「VJ下位群」）22名に分けた。SPOT Ver.2は65問から成る。SPOTの結果、得点が30点（正答率46％）以上の学習者を上位群、30点未満の学習者を下位群にした。

5.3.2　調査実施場所

日本語母語話者（JJ）に対する調査は日本国内の大学で、ベトナム人学習者（VJ）とベトナム語母語話者（VV）に対する調査はベトナム国内の外国語大学で実施した。なお、本調査に入る前に、日本語母語話者とベトナム人学習者を対象に日本国内で予備調査を行った。

5.3.3　調査手続き

本調査では、視点の表し方に関する先行研究（田代1995; 金慶珠2001; 林2004; 魏2010a, bなど）を参考にし、漫画描写の手法を用いた。調査の手続きとして予備調査と本調査の2つの段階に分けて行った。

本調査の目的は文章における視点の表し方を検討することであるため、対象者に物語文を書かせた。また、視点の表し方を検討する際には、文に現れる視点表現のみならず、〈視座〉と〈注視点〉の固定・移動の傾向も検討するため、まとまった文章を検討する必要があると考えた。そこで、本調査では、対象者にコマごとではなく物語の内容を1つの文章

に書くように指示を与えた。

5.3.3.1　予備調査

本調査に入る前に、日本国内で日本在住ベトナム人留学生（5名）と日本語母語話者大学院生（5名）を対象に予備調査を行った。予備調査の進め方としては、協力者に漫画紙（A4サイズ1枚に全てのコマが入った紙）を渡し、漫画[4]の内容を文章で書き表すよう、直接口頭で依頼した。日本語母語話者には依頼したその場で書いてもらったが、ベトナム人留学生には後日Eメールで文章を送ってもらうこととなった。そのため、ベトナム人留学生に対しては、漫画紙（漫画の下）に、「漫画の内容は難しいですか」「漫画内容を理解してから文章を書きあげるまでどのくらい時間がかかりましたか」の2つの質問を入れた。

予備調査の結果、全協力者の文章に、物語の内容の誤解は見られなかった。また、ベトナム人留学生は日本語母語話者より文章を書く時間はかかったが、全員が20分～30分程度でできたと回答した。このことから、漫画の内容は学習者にとってあまり難しくないことがわかった。さらに、ベトナム人学習者の文章と日本語母語話者の文章では、同じ内容を伝えるための視点表現の使用に差が観察された。これらの理由から、予備調査で用いた漫画（図5-1）は妥当であると考え、本調査に用いることにした

なお、予備調査で以下の2点が問題として起きた。

①ベトナム人留学生に日本語ではなくベトナム語で書くケースがあった。
②コマごとに書くケースがあった。

そこで予備調査で得られた結果を踏まえ、本調査では指示をより明確するために、調査用紙を作成した（調査用紙の詳細は5.3.4.2で述べる）。

5.3.3.2　本調査

調査対象者の都合に合わせ、日本語母語話者（JJ）に対する調査を先に行い、その後、学習者（VJ）とベトナム語母語話者（VV）に対する調査を

行った。

　JJの場合は、昼食の時間に実施した。所要時間は10分であった。

　VJの場合は、事前に担任教師の許可を得て、日本語の授業中に実施した。漫画描写の調査に入る前に、レベル分けのためのSPOTを実施した。SPOTの実施には説明の段階から回答回収の段階までで約15分、漫画描写には約30分、計約45分かかった。また、学習者は2つのクラスに分かれているため、調査を実施する際に、筆者は1つのクラスに入り、もう1つのクラスには、授業担任教員に依頼し、同時間帯、同順番で行ってもらった。SPOTの評価は調査後に行ったので、学習者のレベル分けが後になるため、調査時には学習者に名前とクラス名を調査用紙に書くように指示した。

　VVの場合は、事前に学科長及び授業担任の許可を得て、ベトナム文化論の授業に担任教師を通して実施した。所要時間は約15分であった。

　これにより、VJ上位群、VJ下位群、JJ、VVからそれぞれ22文章を収集した。本研究の分析対象となったデータは、表5-4の通りである。

表5-4　分析対象となった文章数・総文数

対象者	文章数	総文数
JJ（N=22）	22	148
VJ上（N=22）	22	216
VJ下（N=22）	22	209
VV（N=22）	22	204
Total（N=88）	88	777

5.3.4　調査資料

5.3.4.1　漫画

本調査ではセリフのない8コマからなる漫画を使用した。漫画の作成にあたっては、本研究の課題に応じて、以下のことに留意した。

①注視点と視座を物語の最初から最後まで固定するか、もしくは移動するかを見るために、見た目でどちらでも主人公になり得る2人の人物が1コマ目から8コマ目まで登場し、同じ大きさで描かれること。

②新登場人物が登場する際に、視座と注視点はその新登場人物に移動するかどうかを見るため、新しい人物が登場する場面があること。
③視点表現の使用状態を把握するために、受身表現、授受表現、移動表現などが産出されやすい場面があること。

本調査で使用した漫画を図5-1に示す。

図5-1　調査に使用した漫画（左上①→右下⑧）

5.3.4.2　調査用紙

調査用紙は、漫画及び指示文、描写の文章を書くための空欄を含めた用紙である。

調査用紙の表面に指示文と漫画（指示文は漫画の上にある）を載せ、裏面に文章を書かせるようにした。調査の指示は、用紙にも書いたが、配布後、口頭でも一読した。日本語母語話者（JJ）に対する指示文と学習者（VJ）及びベトナム語母語話者（VV）に対する指示文の内容は全く同じであったが、日本語母語話者に対しては日本語で、学習者とベトナム語母語話者に対してはベトナム語で指示を与えた。さらに、学習者の場合、ベトナム語で物語を書く可能性があることが予備調査からわかったため、本調査では、学習者に対する指示文には「日本語で書いてください」、ベトナム語母語話者に対する指示文には「ベトナム語で書いてください」という一文を加えた。なお、日本語母語話者には言語の制限を付けなかった。

指示文の具体的内容は、次の通りである。

（1）5分間絵をよく見て、絵のストーリーを頭の中に入れてください。
（2）そのストーリーを、絵を見ていない人がわかるように用紙の裏面に書いてください（400字程度）。ストーリーが分からなくなったら、絵を見ても構いませんが、コマごとに描写しないようにしてください。

5.3.5　分析方法

分析方法として、本調査では、調査対象者が書いた文章から〈視点表現〉と〈主語〉を抽出し、場面単位で〈視座〉と〈注視点〉の判定を行った。場面判定及び視座・注視点の判定手順について、筆者と判定協力者（日本語母語話者、1名）が別々に判定した結果を照らし合わせ、判定結果が異なった箇所を再判定し2人の話し合いで決めた。

5.3.5.1　分析場面

本調査で使用した物語の流れをもとに7つの場面に分け、場面単位で分析した。表5-5はその7つの場面を示すものである。物語に登場した3

人物の呼び方については、対象者によって様々であったが、本研究ではその3人物を「サッカー少年」、「ゲーム少年」、「おじさん」に統一した。

表5-5 分析場面

場面と絵No.		内容
場面1	絵No.①	公園にいる2人の少年の紹介
場面2	絵No.②、③、④	サッカーのボールがゲーム機にぶつかって、ゲームが壊れて、ゲーム少年がサッカー少年を怒る
場面3	絵No.⑤	おじさんが出現する
場面4	絵No.⑥	おじさんがゲーム機を直す
場面5	絵No.⑦	おじさんがゲーム機を直した後の2人の少年
場面6	絵No.⑦	2人の少年が仲直りする
場面7	絵No.⑧	ゲーム少年がサッカー少年にゲーム機を貸す

5.3.5.2 視座の判定

前述したように視座は、基本的に視点表現で表されるため、視点表現が用いられている場合は、その視点表現により判定した。一方、視点表現が用いられず、話者がどの立場から描写しているか判定できない場合は、「視座が不明」とした。ただし、ベトナム語の文章に対しては、研究1でも指摘した通り、日本語の基準では話者がどこから描写しているのか判定できないため、本研究は、視座の分析を行わず、注視点（主語）と視点表現のみを検討する。

以下、本研究で扱った視点表現と視座の判定について具体例を示す。

(1) 視点表現

本研究で扱った視点表現の言語形式と実例は表5-6の通りである。

表5-6 本研究が扱う視点表現の言語形式と実例

受身表現	言語形式	【日本語】「Vれる」／「Vられる」 【ベトナム語】「bị」（被）／「được」（得）- V
	実例	【JJ17】ゲームを壊された子は怒って、ボールを当てた子を殴る。 〈ゲーム少年からの視座〉 【VV16】Tí và Tèo rất mừng vì cái máy đã được sửa lại（直される）. →機械を直されたので、Tí君とTèo君は喜んだ。

授受表現	言語形式	【日本語】 ①本動詞「くれる」、「もらう」 ②補助動詞「〜てくれる」／「〜てもらう」「〜てあげる」 【ベトナム語】「V - cho/giúpcho」（V -与）
	実例	【JJ5】A君は一生懸命謝りますが、B君はとても怒って、A君を殴りました。そこに一人のおじさんが現れB君のゲーム機を<u>直してくれました</u>。〈ゲーム少年からの視座〉 【VJ上11】Bác nhặt nút lên và <u>sửa máy cho</u>（直す - 機会 - 与える）B. 　→おじさんがボタンを拾って、Bに機械を直してあげた。
使役表現	言語形式	【日本語】「Vせる」、「Vさせる」 【ベトナム語】 　①「để cho/bắt（使役）－V（他動詞）」 　　　　　　　　　　　　　→日本語の使役と同様の形式 　②「bắt/làm cho（使役）－V（他動詞・自動詞）」 　　　　　　　　　　　　　↓ 　　　　　　　　《bị（被）＋使役の結果》 　　　　　　　　　　　　　→日本語にない形式
	実例	【VJ上22】ボールを蹴るのを練習している時不注意のためB君のボールは高く飛んでA君のゲーム機に当たって、そのゲーム機を<u>故障させてしまった</u>。〈サッカー少年からの視座〉 【VV3】B đã <u>bắt đền</u>（弁償させる）A vì đã <u>làm hỏng</u>（使役・壊れる）máy nghe nhạc của mình. 　→（Aが）音楽機を壊した（or 壊させた）から、BはAに弁償させた。→①と②の場合 【VV7】Không may A đá quả bóng trúng B, làm（使役）cái máy trò chơi điện tử <u>bị rơi</u>（被・落ちる）mất cái nút bấm. 　→Aはボールを蹴って、Bに当たって、あいにく、ゲーム機にボタンを落とさせてしまった（＝ボタンが落ちてしまった）。→②の場合
移動表現	言語形式	【日本語】 ①本動詞「来る」 ②補助動詞「Vていく」、「Vてくる」 【ベトナム語】 「〜đi」「〜đến」（もしくは〜tới） 「V行く」「来る／V来る」
	実例	【JJ1】ところが、サッカーをしていた少年のボールが誤って、ゲームをしている少年のところに<u>飛んできて</u>、その少年が使っていたゲーム機のボタンが一つ破損してしまったのだ。〈ゲーム少年からの視座〉 【VV5】Bỗng nhiên, có một người đàn ông già <u>chạy tới</u>（走ってくる）can ngăn B và hỏi rõ đầu đuôi câu chuyện. 　→突然あるおじさんが（喧嘩を）阻止に走ってきて、話（喧嘩の原因）を聞いた。

主観表現	言語形式	【日本語】「思う」「わかる」「考える」「感じる」「気づく」など 【ベトナム語】 「nghĩ」（考える・思う）、「hiểu ra」（わかる）、「nhận ra」（わかる・気づく）、「cảm thấy」（感じる）など	
	実例	【VJ下10】Aさんは自分のせいだと気づいて、あの人にありがとうと言って、そして、Bさんにごめんと言いました。〈サッカー少年からの視座〉 【VV9】Cậu bé B cảm thấy（思う・感じる）có lỗi khi đã đánh cậu bé A và sau đó hai cậu bé đã làm lành với nhau và trở thành bạn của nhau, cùng chơi game với nhau rất vui vẻ. →B君はA君を殴ったことが誤ったと思い、二人は仲直りして、友だちになって、一緒に楽しくゲームを遊んだ。	
感情表現	言語形式	【日本語】 感情形容詞「嬉しい」「寂しい」「恥ずかしい」「～たい」など ＆感情動詞「驚く」「びっくりする」「怒る」など 【ベトナム語】 形容詞「vui sướng」（喜）、「sung sướng」（喜）、「vui mừng」（喜）、「vui vẻ」（楽・喜）、「buồn」（寂・悲）、「xấu hổ」（恥）、「muốn」（欲）、「ngạc nhiên」（驚）、「tức giận」（怒）など	
	実例	【VJ下15】（B君をなぐったこと）を思い出して、Aさんはとても恥ずかしいです。〈ゲーム少年からの視座〉 【VV16】Tí và Tèo rất mừng（うれしい）vì cái máy đã được sửa lại. →TíとTèoは機会が直されて、とてもうれしい。	

(2) 視座のタイプ

〈視座〉は基本的に〈移動の傾向〉と〈固定の傾向〉を見るが、〈移動の傾向〉と〈固定の傾向〉を、以下のように下位分類した。

<u>移動の傾向</u>
タイプ①：全体的に視座を移動する
タイプ②：全体的に1人の登場人物に視座を置くが、一時的に他の人物に移動する
タイプ③：ほとんど客観的に描写するが、一時的に登場人物に視座を置く

<u>固定の傾向</u>
タイプ④：文章の最初から最後まで視座を1人の登場人物のみに置く
タイプ⑤：視座をどの人物にも置かず、文章の最初から最後まで客観

的に描写する

5.3.5.3　注視点の判定
(1) 注視点の判定基準：主語

話者がどこ（誰・何）を見ているかという注視点は、主語により表される。本研究で扱う主語は、基本的に文における助詞「は／が」が後に付く語である。主語が明示されない場合、文の意味や文脈で主語を判定する。以下は〈注視点〉の実例である。

表5-7　注視点の実例

> 【VJ上12】
> あるおじさんが来ました〈おじさん〉。そして、（おじさんは）ゲームを直してあげました〈おじさん〉。

〈　〉内は、注視点

(2) 注視点のタイプ
〈移動の傾向〉主語が一貫するパターン（固定パターン）がほとんどない文章
タイプ①：移動・明示
タイプ②：移動・非明示

〈固定の傾向〉主語が一貫するパターン（固定パターン）が多い文章
タイプ③：固定・明示
タイプ④：固定・非明示

5.3.5.4　〈視座〉と〈注視点〉の判定法と判定例

ベトナム人学習者、日本語母語話者の文章から視点表現による〈視座〉の判定と、主語による〈注視点〉の判定を行った。分析の進め方としては、まず1つ1つの文について、5.3.5.1の分け方に沿って、それぞれの文の内容を漫画の絵と照らし合わせ、場面分けを行った。その後、文章から〈視点表現〉の箇所に下線を引いた。これらの視点表現から、3.1.2.1で上述した基準に基づき、各場面における〈視座〉の判定を行った。さらに、〈注視点〉を判定するために、各文の主語を確定し、3.1.2.2の基準

で〈注視点〉の判定を行った。ベトナム語によるデータについては、入力された内容をベトナム語から日本語に翻訳し、日本語によるデータと基本的に同じ順番で分析を進めた。ただし、ベトナム語の文章に対しては、視座の分析を行わず、注視点（主語）と視点表現のみを検討した。

ベトナム語の文章を日本語に翻訳する際に、1つの文法・表現に対して、日本語で複数の表現でできる場合や日本語に相当する表現がない場合がいくつかあったが、日本語の視点表現に形式的に相当する表現だけを視点表現とした。VJ、JJ、VVの判定例はそれぞれ表5-8、表5-9、表5-10に示す。

表5-8　視座と注視点の判定例①——ベトナム人学習者
【VJ上21】

文No.	内容	場面	視座	主語・注視点
1	昨日いい天気でした。	0		サッカー少年
2	メガネ君はサッカーをしていました。			
3	突然、ボールは黒シャツ君に当たって、ゲーム機が壊れてしまいました。	2	不明 ↓ ゲーム少年	ボール ↓ ゲーム機 サッカー少年 ↓ ゲーム少年
4	メガネ君は「ごめんなさい」と謝っても、黒シャツ君はとても怒りました。			
5	その時に、先生が来ました。	3	少年2人 （orゲーム少年）	おじさん
6	先生がゲーム機を直してあげました。	4	おじさん	おじさん
7	黒シャツのゲーム機が大丈夫でした。	5	不明 ↓ 少年2人	ゲーム機 ↓ 少年2人
8	それで、メガネ君と黒シャツ君はとてもうれしいです。			
9	黒シャツ君は「今から一緒に遊びましょう」とメガネ君に言いました。	6	不明 ↓ 不明	ゲーム少年 ↓ 少年2人
10	二人は友達になりました。			

判定の結果：
　・視座：タイプ②（一時的に移動する）
　・注視点：タイプ①（移動・明示）

表5-9　視座と注視点の判定例②――日本語母語話者

【JJ14】

文No.	内容	場面	視座	主語・注視点
1	外でゲームをしていたAさんのところにサッカーボールを蹴りながら、一人の少年がやってきました。	1	ゲーム少年	サッカー少年
2	ゲームに夢中のAさんに少年の蹴ったボールが当たってしまいました。	2	不明 ↓ ゲーム少年 ↓ ゲーム少年	ボール ↓ ゲーム少年 ↓ ゲーム少年
3	Aさんは突然のことに驚き少年を殴りつけました。			
4	ボールが当たったことが原因でゲームが壊れたことに対して、少年を怒り、殴りつけました。			
5	その後、Aさんは少年と一緒に近くにいたおじさんにゲームを直してくれるよう頼みました。	3	ゲーム少年	ゲーム少年
6	おじさんは快くゲームを直してくれました。	4	ゲーム少年	おじさん
7	ゲームが直り、冷静になったAさんは少年を殴ったことを謝りました。	5	不明	ゲーム少年
8	そして、少年にゲームを貸してあげることにしました。	7	ゲーム少年	ゲーム少年
9	二人は無事に仲直りをしました。	6	不明	少年2人

判定の結果：

・視座：タイプ④（1人の人物に一貫する）
・注視点：タイプ④（固定・非明示）

表5-10　視座と注視点の判定例③――ベトナム語母語話者

【VV7】

文No.	内容（ベトナム語）	内容（日本語）	場面	視座	主語・注視点
1	Ở trên một bãi cỏ có hai cậu bé	原っぱで、2人の男の子がいた。	1	不明 ↓ 不明	少年2人 ↓ 少年2人
2	Cậu bé đang đá bóng (A) và cậu bé đang ngồi chơi điện tử trên bãi cỏ (B).	Aはサッカーをして Bはゲームをしている。			
3	Không may A đá quả bóng trúng B làm cái máy điện tử bị rơi mất cái nút bấm.	あいにく、Aはボールを蹴って、Bに当たって、ゲーム機にボタンを落とさせた。（＝落とした）	2	不明	サッカー少年 ↓ ゲーム少年
4	B rất tức giận và lấy tay đập vào đầu cậu bé A.	Bは怒って、手でAの頭を殴った。			

5	Trong khi đó có một bác đi ngang qua và chứng kiến việc xảy ra.	その時にあるおじさんが通りかかって、起こったことを目撃した。	3	不明	おじさん
6	Bác nhặt lấy cái nút của trò chơi điện tử và <u>sửa lại cho</u> cậu bé B	おじさんがゲーム機のボタンを拾って、B（のため）に<u>修理してあげた</u>。	4	不明	おじさん
7	Sau khi cái trò chơi điện tử được sửa xong, cậu bé B rất <u>vui sướng</u> và hối hận về hành động của mình với cậu A	ゲーム機が直された後、Bはとても<u>うれしくて</u>、Aに対する（対した）行為を<u>後悔</u>した。	5	不明	ゲーム少年
8	Sau đó cậu bé B đã tặng cái trò chơi điện tử cho cậu bé A.	その後、BはAにゲームをあげた。	7	不明	ゲーム少年
9	Và cuối cùng hai người trở thành bạn của nhau.	結局、二人はいい友達になった。	6	不明	少年2人

判定の結果：

・主語：全文に明示
・行為の主体も客体も明示
・感情表現や使役表現が用いられるが、人称の制約も視座の制約も見られない
・話者は誰の視座で語っているか不明である

5.4 結果

5.4.1 視座の表し方

視座を〈視座の一貫性〉と〈視点表現の用い方〉に分けて分析した。

5.4.1.1 視座の一貫性

本調査に用いた漫画には、サッカー少年、ゲーム少年、おじさんという3人の人物が登場する。話者の見る場所（視座）が、それぞれの登場人物に移動するのか、あるいは、1人の登場人物に固定するのかによって、視座の表し方を〈移動の傾向〉と〈固定の傾向〉に分けて検討した。

〈移動の傾向〉は、文章全体を通して視座を2人以上の登場人物に移動する場合（タイプ①）、（新）登場人物導入場面などで視座を一時的に移動する場合（タイプ②）、文章全体を通して基本的に中立的視座であるが一時的に登場人物に視座を置く場合（タイプ③）の3つのタイプに分けた。

〈固定の傾向〉は、文章全体を通して視座を1人の登場人物に固定する

場合（タイプ④）と、文章全体を通してどの人物にも置かず中立的視座で書く場合（タイプ⑤）の2つのタイプに分けた。

話者がどこ（どの登場人物）に視座を置いているかは、視点表現の使用状況により判定した。視点表現が用いられていない場面は、中立的描写文章とした。

日本語母語話者（JJ）、ベトナム人日本語学習者（VJ）の文章における視座の〈移動の傾向〉と〈固定の傾向〉の結果は、以下の表5-11と図5-2で示す。

表5-11 対象者の文章における視座の一貫性の比較

対象者		移動の傾向				固定の傾向			Total
		タイプ①	タイプ②	タイプ③	小計I	タイプ④	タイプ⑤	小計II	（小計I + II）
JJ		1 (4.6)	2 (9.1)	0 (0.0)	3 (13.7)	18 (81.7)	1 (4.6)	19 (86.3)	22 (100)
VJ	VJ上位群	2 (9.1)	9 (40.9)	1 (4.6)	12 (54.6)	7 (31.8)	3 (13.6)	10 (45.4)	22 (100)
	VJ下位群	1 (4.6)	5 (22.7)	8 (36.3)	14 (63.6)	1 (4.6)	7 (31.8)	8 (36.4)	22 (100)
	計	3 (6.8)	14 (31.8)	9 (20.5)	26 (59.1)	8 (18.2)	10 (22.7)	18 (40.9)	44 (100)

①全体移動　②主人公・一時的に移動　③中立・一時的に移動　④全体固定　⑤全体中立
（　）内の数値は、％

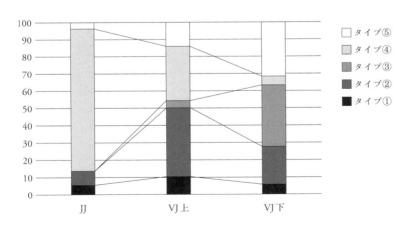

図5-2　日本語母語話者とベトナム人学習者の視座の一貫性の比較

(1) 日本語母語話者（JJ）の文章に見られる〈視座の一貫性〉

JJでは、文章全体に視座を固定するタイプ④の割合が81.7%（22名の中の18名）も占める一方、文章全体に移動するタイプ①の割合は9.1%（22名の中の1名）しか占めていない。〈移動の傾向〉（タイプ①〜③、計13.7%）の割合、〈固定の傾向〉（タイプ④〜⑤、計86.3%）の割合を比較すると、〈移動の傾向〉より〈固定の傾向〉が極めて高い。この結果から、日本語母語話者は、物語文章を書く際に、最初の場面から最後の場面まで視座を1人の人物に固定する傾向が強いと言える。この結果は、日本語母語話者の視点を調べた先行研究（奥川2007; 魏2010a, bなど）の結果と一致している。

(2) ベトナム人日本語学習者（VJ）の文章に見られる〈視座の一貫性〉

まずVJ上位群では、タイプ②（一時的に移動する）の割合が40.9%を占め、全タイプで最も高い結果が観察された。その次は、タイプ④（文章全体に固定する）である（31.8%）。〈移動の傾向〉の割合と〈固定の傾向〉の割合を比較すると、〈固定の傾向〉の割合が54.6%を示し、45.4%の〈移動の傾向〉の割合に比べて高い。

次にVJ下位群では、基本的に中立視座であるタイプ③と文章全体に中立視座であるタイプ⑤はそれぞれ36.3%と31.8%を占め、両者とも高い割合を示した。その次は、タイプ②（全体的に1人の人物に視座を一貫するが一時的に他の人物に移動する）の割合である（22.7%）。〈移動の傾向〉と〈固定の傾向〉の割合を比較すると、〈移動の傾向〉が63.6%を占め、36.4%の〈固定の傾向〉に比べると、極めて高い。中立視座の傾向であるタイプ③とタイプ⑤の割合を合わせると、68.1%も占める。つまり、VJ下位群学習者は、視座を登場人物に置きながら事態を描写するよりも、どの人物にも置かず中立的な書き方をするほうが多い。

VJとJJを比較すると、日本語母語話者の文章の特徴と思われるタイプ④においては、VJ両群ともその割合が半分以下であり、JJに比べて低い。

以上の結果から、ベトナム人学習者の文章における視座の表し方は、上位群学習者も下位群学習者も視座の一貫性が弱く、中立的視座で書いたり、移動視座で書いたりする傾向が強いことがわかった。次項で、視座の現し方は、視点表現の用い方とどのように関係があるのかについて

述べる。

5.4.1.2　視点表現の用い方

この5.4.1.2では、対象者群別の視点表現の使用についての結果をまとめる。表5-12は、調査で全対象者の文章に見られた全ての視点表現とその使用数を表すものである。対象者群別の各視点表現の使用比率は、表5-13と図5-3に示した。

表5-12　対象者の文章に見られた視点表現の産出数

	表現	JJ (N=22)	VJ上位群 (N=22)	VJ下位群 (N=22)	VV (N=22)
受身表現	壊される・故障される	7	3	2	1
	叱られる	0	1	1	0
	直される・修理される・見られる	1	1	0	5
	衝突される	0	1	0	0
	当てられる	0	1	0	0
	見られる	0	0	0	1
	殴られる	1	0	0	0
	小計	9	7	3	7
授受表現	直してくれる・修理してくれる	17	1	0	0
	直してあげる・修理してあげる・入れてあげる・組み立ててあげる	2	7	5	9
	拾ってくれる	1	0	0	0
	見てくれる	1	0	0	0
	貸してあげる	12	4	1	4
	説明してあげる	0	0	0	1
	見せてもらう	0	1	0	0
	小計	33	13	6	14
使役表現	責任を負わせる	0	1	0	3
	弁償させる	0	1	1	6
	故障させる・壊させる	0	0	2	4
	仲直りさせる	0	1	0	1
	直させる・修理させる	0	2	3	5
	外させる・落とさせる・投げさせる	0	1	0	5
	倒させる	0	0	0	1

	怒らせる	0	0	0	2
	感動させる	0	0	0	1
	遊ばせる	0	0	0	2
	小計	0	7	6	30
移動表現	やってくる	4	2	0	0
	近寄ってくる	1	1	0	8
	飛んでくる	2	1	0	1
	飛んでいく	1	0	0	1
	聞いてくる	1	0	0	0
	歩いてくる	0	1	0	1
	来る	1	7	10	5
	小計	10	12	10	16
主観表現	〜と思う	4	2	1	13
	〜と考える	1	0	0	0
	〜気がつく	0	0	1	0
	わかる／納得する	0	1	0	5
	感じる	0	0	3	4
	ことにする	0	1	1	1
	小計	5	4	6	23
感情表現	嬉しい	0	13	7	15
	楽しい	0	0	2	1
	驚く	1	0	2	0
	恥ずかしい	0	2	2	0
	好き	0	0	1	0
	Vたい	0	0	1	0
	（心が）痛い	0	0	0	1
	後悔する・反省する	5	8	0	8
	許す	0	3	0	4
	我慢する	0	1	0	1
	怒る	7	18	9	13
	戸惑う	0	0	0	3
	驚かす（びっくりさせる）	0	0	0	1
	心配する	0	0	0	1
	小計	13	45	24	48
	Total	70	88	55	138

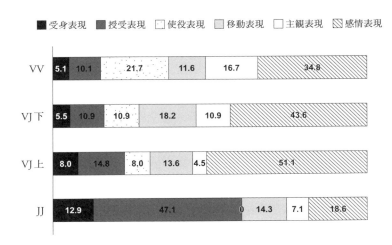

図5-3　対象者群別の視点表現の使用率の比較

表5-13　各対象者群における視点表現別の使用頻度と使用率

視点表現	JJ (N=22)	VJ			VV (N=22)
		VJ上位群 (N=22)	VJ下位群 (N=22)	計 (N=44)	
受身表現	9 (12.9)	7 (8.0)	3 (5.5)	10 (7.0)	7 (5.1)
授受表現	33 (47.1)	13 (14.8)	6 (10.9)	19 (13.3)	14 (10.1)
使役表現	0 (0.0)	7 (8.0)	6 (10.9)	13 (9.0)	30 (21.7)
移動表現	10 (14.3)	12 (13.6)	10 (18.2)	22 (15.4)	16 (11.6)
主観表現	5 (7.1)	4 (4.5)	6 (10.9)	10 (7.0)	23 (16.7)
感情表現	13 (18.6)	45 (51.1)	24 (43.6)	69 (48.3)	48 (34.8)
Total	70 (100)	88 (100)	55 (100)	143 (100)	138 (100)

（　）内の数値は、％

(1) 学習者の文章（VJ）に見られる〈視点表現〉の使用状況

表5-12と表5-13に示したように、VJ下位群55に対して、VJ上位群88と、上位群学習者は下位群学習者より視点表現を多く使用していることがわかった。

学習者両群における各視点表現の使用率を比較した結果、VJ上位群の

使用率がVJ下位群の使用率より高い表現（受身表現、授受表現、感情表現）もあれば、VJ上位群の使用率がVJ下位群の使用率より低い表現も ある（使役表現、移動表現、主観表現）ことがわかった。

　全視点表現の中で、**感情表現**ではVJ上位群の使用率が51.1％であり、VJ下位群の使用率が43.6％である。両群間には若干の差があるが、両群とも感情表現が全表現の約半分を占め、最も多く使用している。また、**受身表現**と**主観表現**の使用では、VJ上位群の使用率がそれぞれ8.0％と4.5％、VJ下位群の使用率がそれぞれ5.5％と10.9％で、両群ともに低いという結果となった。

　感情表現には両学習者群とも「怒る」（場面2）、「嬉しい」（場面5）、「恥ずかしい」（場面6）を産出したが、産出数を見ると、VJ上位群のほうが多い（「怒る」: 18対9、「嬉しい」: 13対7）。特に「後悔する・反省する」と「許す」など、VJ下位群の文章に見られなかったものも、VJ上位群の文章には見られた。また**受身表現**は、両群ともに産出された比率は低いが、産出項目を見ると、VJ下位群が「壊される・故障される」（場面2）と「叱られる」（場面2）しか産出していないのに対し、VJ上位群はこれらの項目以外に、「衝突される」（場面2）、「当てられる」（場面2）、「直される・修理される・見られる」（場面4）も産出し、VJ下位群より産出項目が多い。**主観表現**は、産出数と産出項目ともに、VJ上位群よりVJ下位群のほうが多かった。つまり、これらの表現の産出項目においては、学習者のレベルによる差が観察された。

（2）対象者群別の〈視点表現〉の比較

　調査の結果、JJに比べて、VJ上位群は視点表現を多用しているが、VJ下位群はJJより視点表現の使用数が少ない結果が得られた（表5-13と図5-3）。視点表現の中で、**受身表現、授受表現**は、JJがVJ両群に比べて使用率が高いのに対し、**感情表現**は、VJ両群のほうがJJに比べて使用率が高い。**使役表現**は、VJ上位群の使用率が8.0％、VJ下位群の使用率が10.9％で、VJ両群ともに使用が見られたが、JJには使用が見られなかった。**移動表現、主観表現**については、VJ下位群がJJを上回る一方、VJ上位群はJJを下回る結果となった。

　VJ両群とVVとでは、図5-3に示したように**授受表現**と**感情表現**以外

に大きな差がなかった。またVVの**感情表現**の使用が最も多く（34.8％）、**受身表現**の使用が少ない（5.1％）という結果も、VJと似た傾向にあった。**授受表現**と**使役表現**も、VJ両群とVVとの3群の間に、若干の差は見られたが、全体的にほぼ同じ傾向であった。しかし、この2つの表現は、JJとは大きな差があった。**授受表現**の**使用率**が、JJは47.1％で最も高いのに対し、VJ上位群、VJ下位群、VVは、それぞれ14.8％、10.9％、10.1％であり、JJに比べて低い。また**使役表現**は、JJの文章では用いられていなかったのに対し、VJ上位群、VJ下位群、VVの文章に使用された比率は8.0％、10.9％、21.7％であり、学習者もベトナム語母語話者も**使役表現**をよく使用していることがわかった。さらに**感情表現**についても、VV、VJ両群ともにJJとは違った傾向にあった。VJ上位群（51.1％）、VJ下位群（43.6％）、VV（34.8％）の使用率は、JJの使用率17.3％を上回っている。つまり、学習者もベトナム語母語話者も日本語母語話者より**感情表現**を多用する傾向があることがわかった。

　全対象者群の産出項目を検討すると、以下のようなことが観察された。

①授受表現
　場面4と場面7の全対象者群の使用状況を見る。まず、JJは場面4（おじさんがゲーム機を直す）を伝達するのに、「直してくれた・修理してくれた」と表現しているのに対し、VJは「直してあげる・修理してあげる」と表現しているものが多い。また、場面7（ゲーム少年がサッカー少年にゲーム機を貸す）では、JJが「貸してあげる」を多く使っている（22人中12人）のに対し、VJ両群ともこの表現の使用数が少なく、「貸す」あるいは「遊ばせる」のような表現を多く使用していることがわかった。VVは、場面4にも場面7にも「cho」で「与える／あげる／くれる」の意味を表す授受表現が産出されていた（「sửa lai cho＝直す‐与える」と「cho 受け手 mượn＝与える‐受け手‐貸」など）。

②使役表現
　VVの文章は、表5-12からもわかる通り「落とさせる・倒させる」「弁償させる」「直させる」など「Làm-V（させる‐使役の結果）」という表現の

産出が多い。このような表現は、JJの文章には1例も見られなかったのに対し、VJ両群の文章には見られた。

③移動表現
統計上ではVJとJJとの間にあまり差がないが、実際にはJJの文章には「飛んでくる」（場面2）、「やってくる」／「聞いてくる」（場面4）など「Vてくる」の使用が多く、VJ両群ではともに本動詞の「来る」が多いなどの違いが見られた。

④感情表現
日本語母語話者の産出は、他の対象者群（VJとVV）に比べて少ない。VJ両群とVVに多用された「嬉しい」「恥ずかしい」などの感情表現も、日本語母語話者の文章には観察されなかった。

以上、ベトナム人学習者の文章における視座の表し方及びその判定手がかりである視点表現の使用実態について述べた。次項では注視点の表し方について述べる。

5.4.2 注視点の表し方
第4章における分析と同様に、注視点の表し方は、〈一貫性〉と〈明示性〉の2つの側面から見る。

5.4.2.1 注視点の一貫性
〈注視点の一貫性〉について、文章の最初から最後まで1つの注視点に固定する文章は全対象者に1例も見られなかったが、移動注視点の中を〈移動の傾向〉と〈固定の傾向〉に分けて検討すると、対象者間に差が見られた。

表5-14によると、VJ上位群では、タイプ①とタイプ②を合わせた〈移動の傾向〉の割合が59.1％であり、タイプ③とタイプ④を合わせた〈固定の傾向〉の割合より高い。VJ下位群では、全員〈移動の傾向〉の文章を書き、〈固定の傾向〉の文章は1例もなかった。それに対し、JJ全員に〈固定の傾向〉が見られ、〈移動の傾向〉は1例も見られなかった。JJの

文章には、同じ登場人物の行為あるいはその人物に関わる事態を語る場面で、注視点を他の人物に移動せず同じ人物を注視点とするような書き方で語る特徴が見られた。これは、文章の主語を固定する傾向が見られないVVとは反対の傾向にある。

また、VJ下位群よりVJ上位群のほうが〈移動の傾向〉が減っている本調査の結果から、学習者の注視点の表し方は、日本語レベルが上がるにつれ、母語からの影響が少なくなり、日本語母語話者に近づいていくことがわかった。ただし、全体的に固定の傾向が見られたVJ上位群の文章でも、同じ場面で注視点が移動する文が入ったために不自然になってしまった文章も観察されたため、学習者が主語の一貫性をコントロールしながら書いたのではないと予測される。このことから学習者がより簡潔で自然な文章が書けるようになるために注視点の一貫性を意識させることが必要なのではないかと考えられる。

表5-14 対象者群別における注視点の比較

対象者		移動の傾向			固定の傾向			Total
		明示タイプ①	非明示タイプ②	小計	明示タイプ③	非明示タイプ④	小計	
JJ		0 (0.0)	0 (0.0)	0 (0.0)	0 (0.0)	22 (100)	22 (100)	22 (100)
VJ	VJ上位群	10 (45.5)	3 (13.6)	13 (59.1)	3 (13.6)	6 (27.3)	9 (40.9)	22 (100)
	VJ下位群	20 (90.9)	2 (9.1)	22 (100)	0 (0.0)	0 (0.0)	0 (0.0)	22 (100)
	計	30 (68.2)	5 (11.4)	35 (79.6)	3 (6.8)	6 (13.6)	9 (20.4)	44 (100)
VV		22 (100)	0 (0.0)	22 (100)	0 (0.0)	0 (0.0)	0 (0.0)	22 (100)

（　）内の数値は、％

5.4.2.2 注視点の明示性

注視点の明示・非明示において、表5-14で示すように、VJ上位群とVJ下位群ともにタイプ①（移動の傾向・全文全節に明示される傾向）が最も高かった。ただし、VJ上位群には、〈固定の傾向〉の文章が40.9％あり、その内、タイプ④（非明示）が27.3％も見られたのに対し、VJ下位群には、〈固定の傾向〉（タイプ③と④）が見られなかった。つまり、〈注視点の明示・非明示〉についても、日本語の熟達度による差が観察された。

次に学習者の文章とJJ、VVの文章を比べて以下のことがわかった。

JJは、注視点の固定パターンが多い文章（固定の傾向）を書いている。また、複文あるいは2つの単文に注視点を固定するパターンでは、主語を各文各節に明示せず、1回のみ明示するタイプ④が全員の文章に見られた。つまり、注視点が変わらない限り明示しないこともJJの文章の特徴だと言えるだろう。

　一方、VVは、談話・文章を構成する各文に主語が明示される傾向が全員に見られる。ベトナム語は、「主語」が単文・複文の必要不可欠な構成要素であり、基本的に主語がなければ文が成り立たない言語である[5]。そのため事態描写の文を書く際に、誰が何をするか、誰が何を起こすか、何が誰に起こされるかというふうに注視点を文に明示することが求められる。このことは学習者、特に下位群学習者の文章にも反映していると考えられる（表5-15）。

表5-15　下位群学習者の文章における注視点の明示傾向の例

【VJ下1】
　ある日公園に<u>Aさんは</u>音楽を聞いている。Bさんはサッカーをしている。突然、<u>Bさんは</u>Aさんにボールを蹴りました。その結果、<u>Aさんの音楽機</u>が壊れてしまいました。ですから、<u>Aさんは</u>、Bさんを叱りました。それから二人は喧嘩しました。その時、<u>お父さんは</u>来て、音楽来を修理しました。<u>お父さん</u>は「もう大丈夫」と言いました。それから、<u>Aさんは</u>Bさんに「喧嘩しました。ごめんなさい」と言いました。<u>2人は</u>、楽しかったです。<u>Aさんは</u>Bさんに音楽機をあげました。

　学習者の文章に見られる〈注視点〉の明示・非明示は、日本語の熟達度にも関係があり、学習者のレベルが高くなるにつれ、学習者の文章全体に主語を省略する場面が増え、母語からの影響が少なくなることも確認された。しかし、非明示の傾向で書いた熟達した学習者の文章の中には、必要なところでも非明示した場面が見られるなど、注視点の明示・非明示の規則の意識がきちんとできていない可能性も考えられた。

5.5　考察

　ベトナム人学習者（VJ）と日本語母語話者（JJ）の文章における視点の表し方を調査した結果、視座と注視点の両側面において調査対象者群間

で差が観察された。

本節では、ベトナム人学習者の視点の表し方を「日本語のレベルとの関係」「母語からの干渉」の2点から考察する。

5.5.1 視点表現の用い方と視座の一貫性との関係

視座を1人の人物に固定させる傾向が強い日本語母語話者に対し、学習者両群ともに〈視座〉を移動させる傾向が強く、〈中立視座〉（タイプ③とタイプ⑤）が見られた。本項では、学習者と母語話者それぞれの視点表現の用い方と視座との関係を考察する。ここでは大きな差が観察された①授受表現、②使役表現、③移動表現、④感情表現の4つの表現だけを検討する。

(1) 授受表現

VJとJJの日本語の文章に授受表現が見られたのは、場面4と場面7である。まず授受表現の産出と母語の干渉について考察する。

場面4（おじさんがゲーム機を直す）では、日本語母語話者22名中21名が「ゲーム機を直してくれた」など授受表現を用いていた。一方VJ（両群ともN=22）も、上位群で8名、下位群で4名が授受補助動詞「てあげる」を使用し、VVのベトナム語文も「おじさんがBさんのためにゲーム機を直して与えた＝V＋cho」の表現が9例観察された。ベトナム語の「cho＝与える」は、日本語の「あげる／くれる」の両方の意味を持ち、「行為をしてあげる／してくれる」に対しては、V- cho（V - 与える）あるいはV- giúp cho（V - 与える）と表現することができる。VJの産出数が多かったのも、ベトナム語に「直す＋与えた＝V＋cho」という表現があるため、日本語の「直してあげた」に置き換えるのが比較的容易だったからではないかと考えられる。

場面7（ゲーム少年がサッカー少年にゲーム機を貸す）では、母語話者の半数以上が、「ゲーム機を貸してあげた」という授受補助動詞を用いて授受表現をしていたのに対し、VJ（両群ともN=22）は、上位群で4名、下位群で1名しか授受補助動詞を用いることができなかった。VVのベトナム語文では4例見られたが、「cho mượn」（与・借）のことで、この「貸す＝cho mượn／与え・借」は、もともと日本語の授受表現に近い意味形式を持っ

ている。そのため「貸す」は、「直す＋与えた＝V＋cho」のように「cho＝与える」を動詞の後に付けるという概念がベトナム語にはない。VJが、授受補助動詞を用いることが難しかったのは、母語の干渉によるものではないかと示唆される。

　日本語は、「てあげる・てくれる・てもらう」といった授受補助動詞の使用によって、行為者と受け手を明示しなくても両者を文脈から判断できるが、ベトナム語は、行為者と受け手を明示する必要がある。場面4、7のJJが授受表現を使っている文章に、VJ両群とも本動詞のほうを使っている割合が高いのは、日本語とベトナム語で表現に要求されるものが異なっているため、日本人と同じ感覚で授受表現を用いるのが難しいからだと思われる。

　次に、授受表現の産出と日本語レベルについて考察する。新しい人物が登場する場面4では、日本語母語話者が、最初に注目した人物（主人公）に視座を固定させているのに対し、学習者もベトナム語母語話者もその新登場人物に視座を移動させる傾向にあった。授受表現の使用と書き手の視座の表し方の関係から見ると、JJは「直してくれる」「修理してくれる」「見てくれる」などの「〜てくれる」を用いることによって、ゲーム機を所有する〈ゲーム少年〉あるいは、ゲーム少年を含めた〈少年2人〉に視座を固定している。一方学習者は、両群ともに「〜てあげる」あるいは本動詞を用いることで視座を新登場人物（おじさん）に移動したり、中立的な視座で書いたりしていた。このことは、視座の観点から見た授受表現の産出問題が、学習者の日本語のレベルに関係がないことを示唆している。

　前述のように、ベトナム語は、日本語のように話者の視座の置き方による「〜てくれる」と「〜てあげる」の区別がない。「あげる／くれる」(give)を表すためには、ベトナム語では「(V) - cho」を用いる。「cho」を用いる場合、ベトナム語では、受け手・与え手と話者との関係にかかわらず、基本的に「誰が」「誰に」という与え手と受け手を明示しなければならない。要するに「〜てあげる」の場合も「〜てくれる」の場合も「cho」でしか表すことができない。学習者は、受け手が話者にとって親族関係の場合のみ「〜てくれる」を使うと日本語教室で教わっているようである。〈ゲーム機を直す人〉も〈直してもらう人〉も書き手とは関係

のない物語の登場人物である。そのため学習者は、「～てくれる」という表現を避けたと思われる。また本調査に協力くれた学習者全員、来日歴がないため、教科書[6]で「～てくれる」「～てあげる」の用法を覚えて応用しているだけで、「～てくれる」の使用率も低いことが考えられる。こうした指導上の問題や日越両言語間の違いが、学習者の授受表現の不適切な使用、「～てくれる」の産出困難さの要因になっているのではないだろうか。今後は、授受表現を指導する際、話者の視座との関係も含めて指導すると、産出頻度も増え、より自然な使い方もできるようになるのではないかと考えられる。

(II) 使役表現

授受表現と感情表現とともに、使役表現の使用にもVJとJJの文章に大きな差が観察された。JJの文章に使役表現が全く見られなかったのに対し、VJ上位群の文章に8％、VJ下位群の文章に10.9％、VVの文章には21.7％も見られた。

日本語の使役表現の用法にしたがえば、本調査に用いた漫画には使役表現を使うべき場面はなかった。しかし、VJの文章に使役表現が多く使われていることが図5-3で確認できる。VJの文章に見られた使役表現は、ほとんど場面2（ゲーム機が壊れる場面）におけるものである。この場面で「ゲームが壊れる」という事実を伝えるために、JJは「ゲーム機が壊れる」「ボタンがとれる」や「ボタンが落ちる」の〈自動詞〉を多く用いているのに対して、VJは「故障させる」「壊させる」「外させる」「落とさせる」を多く用いていた。そこでVJの文章について、VVの文と比較検討を試みた。

VJが多用した「壊させる」「外させる」「弁償させる」をベトナム語に訳してみると、それぞれ「làm hỏng」（使役 - 壊）、「làm rơi」（使役 - 外・落）、「bắt đền」（強制使役 - 弁償）となる。「làm（またはlàm cho）」の原義は、使役（行為者・事物が、人・物にある行為を行い、その結果、事態が変わる）であり、行為者に意図がある場合にも偶発的な事故の場合にも使える。許可を与えるという意味もある。「bắt」の原義は強制的な作動（使役）である。言語形式だけを見ると「làm」と「bắt」が用いられる表現が日本語の使役表現と類似している。その他、「để cho」という表現もあるが、これは「bắt」

が被行為者に対して「ある行為を無理やりやらせる」という意味があるのに対して、「để cho」は、被行為者に「ある行為をさせてあげる」といった意味を持つ。これらは、文法上は使役に分類されるが、表現の意味・用法は、日本語の使役表現とは異なるものである。以下にそれぞれの用法例を挙げる。

（16）Bà mẹ <u>bắt</u> cậu con trai <u>đi học thêm</u>.
　　　お母さんは息子を塾に行かせる。
（17）Bà mẹ <u>để cho</u> cậu con trai <u>chơi bóng</u> ở công viên.
　　　お母さんは息子に公園でボール遊びをさせてあげる。
（18）A đã <u>làm hỏng</u> cái máy game của B.
　　　AさんはBさんのゲームに使役しゲーム機が壊れた。

以下はVJの本調査における使役表現の産出文の例である。

【VJ上位群】ボールがA君の肩にぶつかって、ゲーム機の一つのボタンを強く投げさせてしまいました。
【VJ下位群】Bさんのラジオ機にボールをけって、Bさんのラジオ機を故障させた。

上記のVJの例文は、VVのベトナム語の表現と類似するところがある。

【VV2】Bỗng nhiên Tom sút một cú mạnh vô ý, quả bóng trúng vào cái máy điện tử mà Jerry đang chơi ở gần đó, <u>làm văng ra</u> một cái nút trong máy.
（突然、Tomは無意識に、ボールを強く蹴って近くで遊んでいるJerryのゲーム機に当たってゲーム機の一つのボタンを外させた。）

一方、ベトナム人学習者（VJ）が使役表現を、ベトナム語母語話者（VV）がlàmを用いた場面における日本語母語話者（JJ）の産出文には、使役ではなく自動詞が用いられている。以下は、その例である。

【JJ3】男の子がけったボールは運悪くそばで遊んでいた男の子に当た

94

ってしまい、その男の子の持っていたゲーム機が壊れてしまいました。
- 【JJ8】公園で男の子がゲームをしていると、サッカーをしていた男の子のボールが男の子のゲーム機に当たってボタンがとれた。
- 【JJ9】サッカーをしている男の子のけったボールがもう一人の男の子が使っているゲーム機に当たり、壊れてしまった。

　JJが用いた「壊れる」などの動詞は、日本語では自動詞／他動詞が対応する動詞のペアが存在するものである。これらの動詞において、自動詞（壊れる／落ちる／外れるなど）の場合、ベトナム語に訳すと「(bị) - hỏng/ rơi / văng ra」（被 - 壊／落／外）などとなり、使役された結果（状態）を表す受身の形式となる。この「bị - 状態」あるいは「～される」[7]という受身の形式が、VVとVJの文章に観察された。
　また他動詞（壊す／落とす／倒すなど）の場合、ベトナム語に訳すと「làm - hỏng/rơi/ngã」（使役 - 壊／落／倒）となり、日本語の「～させる」に相当する形式となる。つまり、ベトナム語の場合、これらの自動詞をlàmを使って他動詞化させる（Nguyen 2014）[8]。「làm-状態」はVVの文章に多く観察され、「～させる」（使役表現）はVJ上位群とVJ下位群ともに多く観察された[9]。このことから、ベトナム人学習者が使役表現の多用するのは、日本語における使役の意味で使っているのではなく、母語の他動詞化の影響によるものだと考えられる。また今回の調査で、VJ上位群のほうが使役表現の使用が少なかったことから、自動詞、他動詞の語彙数が増えることで、母語話者に近づくことも示唆された。

(III) 移動表現

　日本語では、「ある場所へ行く」と「ある場所へ来る」の「行く」「来る」をどちらにするかは、その場所に対する話者の位置に関係する。しかし、その「行く」「来る」をベトナム語に訳すときは、話者の位置に関係なく、「行く」に「đi」、「来る」に「đến」を用いることが多い。果たして「đi」、「đến」は、日本語の「行く」「来る」に相当するのだろうか。
　宇根（1985）によると、ベトナム語では「đi」の本義は「歩く」、「đến」の本義は「到着する」という。

五味（2005）は、「đi」「đến」を次のように説明している。「đi」は移動するという行動（movement）を表し、何らかの目的で移動するときは、他の動詞と組み合わせて用いる（例えば、đi học（勉強に行く、「学校に行く」という意味）、đi làm（仕事に行く）、đi chơi（遊びに行く））。一方、「đến」は、移動先を強調するときや、ある場所への到着を表すときに用いられる。

　ベトナム語では、「đi」と「đến」だけではなく「đi đến」もよく用いられ、「ある場所へ行く」ことを意味する。つまり、「ある場所へ移動する」の場合、基本的に「đi đến」（行く＋来る）あるいは「đến」（来る）で表現される。

　さらに五味（2005）は、「đến」が動詞「来る」という意味で用いられるときは、「đến＋場所名詞」（〜に来る）という形で使うが、「どこに行く？」と尋ねられたときは、「đi」、「đến」のどちらで答えることもできると述べている。五味によると、発言者が現在いる場所に立っているという意識で発言するときは「đi」、発言者が目的地を中心的なものと考え、自分自身をその場所に立たせて発言するときは「đến」を用いるという（五味 2005: 86–87）。

　以上のように、ベトナム語の「đi」と「đến」は、様々に説明されているが、日本語の「行く」と「来る」と一致するという研究はない。これらの研究を参考にしながら、ベトナム語の「đi」と「đến」の使い分けを整理してみると、以下のようになる。

（III-1）「đi」のみ用いられる場合：
何らかの目的で移動する。日本語の「〜に行く」と同じである。

(19)
Tôi　　đi　　học.
私　　　行く　勉強する
（私は勉強に行く→「私は学校に行く」を意味している）

(20)
Anh ấy　đi　　làm.
彼　　　行く　働く／仕事する
（彼は仕事に行く）

(III-2)「đến」あるいは「đi đến」が用いられる場合：
① 《所属場所に移動する》
（21）
Tôi　　đến/đi đến　　trường.
私　　（行く）来る　　学校
(「私は学校へ（行く）来る」あるいは「私は学校へ来る」)

（22）
Anh ấy　　đến/đi đến　　công ty.
彼　　（行く）来る　　会社
(彼は会社に行く)

② 《ある場所へ移動する》
（23）
Tôi　　đến/đi đến　　nhà ăn.
私　　（行く）来る　　食堂
(「私は食堂へ（行く）来る」あるいは「私は食堂へ来る」)

（24）
Bây giờ　　tôi　　sẽ　　đến/đi đến　　chỗ　　của　　bạn.
今　　私　　（将来）　　（行く）来る　　所　　の　　あなた
(「今から私はあなたの所へ（行く）来る」あるいは「今から私はあなたの所へ来る」)

(III-3)「đến」のみ用いられる場合：
① 《到着する》
（25）
Tôi　　đã　　đến　　trường　　rồi.
私　　（過去）　　来る　　学校　　もう
(私はもう学校に到着した)

(26)

Anh　　　　　sẽ　　đến　Hà Nội　lúc　mấy　giờ?
あなた（目上の男の人）（将来）　来る　ハノイ　に　何　　時
（あなたは何時にハノイに到着しますか）

②《話者のいる所に来る》：日本語の「来る」と同じ
(27)

Lần sau　anh　　　　　　　lại　đến　chơi　nhé.
今度　　あなた（目上の男の人）また　来る　遊び　ね
（また今度遊びに来てくださいね）

(III-4) đi/đến/đi đến のどれも用いられる場合：
「Đi đâu?」（どこに行きますか）の質問に対して答えるとき

(28)

Em　　　　　　đi　　đâu　đấy ?
あなた（目下の人）行く　どこ　の
（あなたはどこに行っているの？）

　　a. Em　　　　　　　　đi　　　　bưu điện.　（○）
　　b. Em　　　　　　　　đến　　　bưu điện.　（○）
　　c. Em　　　　　　　　đi đến　　bưu điện.　（○）
　　　私（目上の人に対する自分）　行く／来る　郵便局
　　　（私は郵便局に行く）

　　III-2の例で示したように、「ある場所へ移動する」と意味する場合は、「đi」（行く）ではなく「đi đến」（行く＋来る）あるいは「đến」（来る）を使用したほうが自然である。ベトナム語では、「đến đây＝来・ここ」（ここに来る）、「đi ra đẳng kia＝行・あそこ」（あそこに行く）と話者のいる場所（発話の拠点）により移動を意味する「行く・来る」の使い分けがある。ただし、これらの場合、日本語のように、基本的に移動（補助）動詞の「（～て）行く」と「（～て）来る」の使用だけで話者の視座が判定できるわけ

ではない。「đi」もしくは「đến」のどちらが用いられても基本的に移動の到達点「đây」（ここ）／「đó」（そこ）／「đằng kia」（あそこ）などを明示しなければならない。

　本調査で収集したデータから、「移動表現」の使用数と使用比率において、下位群学習者も含めて、学習者両群と日本語母語話者との間にあまり差が観察されなかった。しかし、場面ごとに移動表現の使用状況を見ると、日本語母語話者は「Vてくる・Vていく」を多く使用しているのに対し、学習者は移動本動詞「来る」を多く使用している。例えば日本語母語話者の文章には、場面2で「ボールがゲーム少年に飛んでくる」「ボールが飛んでいく」、場面3で「あるおじさんがやってくる」「あるおじさんが近寄ってくる」という「Vていく」「Vてくる」の項目が多く見られたのに対して、学習者の文章は、場面2でも「Vていく」「Vてくる」の項目はほとんど見られず、「おじさんの出現」を伝える必要がある場面3でも、上位群学習者も下位群学習者も「来る」の使用が多く見られた。ベトナム語母語話者が産出したベトナム語のデータにも「đi」「đến」「đi đến」以外に「lại gần」（近くに移動する／直訳：近くに来る）、「tiến đến」（近くに進める／直訳：近くに来る）のような表現が多く見られた。

　つまり、移動表現は学習者の母語にもあり、日本語の文法として指導されているため、学習者は移動という行為を表す本動詞の産出は容易である。しかし視座を表す用法を持つ移動補助動詞の産出は難しい。このことから、ベトナム人学習者には、移動表現における視点の制約をも意識させるべきであると考えられる。

(Ⅳ) 感情表現

　VJとVVともに「ゲーム少年がとっても怒った」「ゲームが直されて、二人はとてもうれしかった」「A君はB君を殴ったことを思い出して、とても恥ずかしかった」など、物語の人物の気持ちを直接的な言い回しを使って表現していた。ベトナム語では、自分以外の人の気持ちを表現する場合、「嬉しそう」、「恥ずかしそう」という言葉も使うが、「嬉しい」や「恥ずかしい」を用いることもできる。VJの表現の仕方は、人称制約がない母語の影響によるものと思われる。

　また日本語の視点表現は、表現そのものの中に「感情」が含まれてい

るため、特に感情表現を付加する必要がない。一方、ベトナム語では、話者の感情をそのまま言葉で表すことが多い。JJとVJの感情表現の出現数の差も、母語の影響が考えられる。

　感情表現の用い方に関して、さらに注目すべきことは、VJ上位群のほうが産出数も産出項目も多く、JJと反対の傾向が確認された点である。

　VJ両群の産出項目をJJの産出項目と比較してみると、表5-12に示したようにJJに見られない項目を産出していた。VJ両群ともに、産出項目はほぼ同じであったが、各項目の産出数を見ると、上位群のほうが多かった（「嬉しい」「怒る」「後悔する・反省する」）。VJ下位群に比べ語彙産出力が高い上位群が、積極的に登場人物の気持ちを表現しようとしたからだと思われる。しかし人称の制約、視座一貫性の制約などが身についていないため、JJと反対の結果になってしまった。この結果から、レベルが上がり、語彙産出力が高くなればなるほど、視座の表し方が母語話者に近づくわけではないことが示唆される。

　以下は、ベトナム人学習者の文章とベトナム語母語話者の文章に用いられた感情表現の例である。

【VJ上11】ののしったり、殴ったりした男の人は<u>恥ずかしかった</u>。
【VV下15】思い出して、Aさんはとても<u>恥ずかしいです</u>。
【VJ下13】それで、二人がとても<u>うれしくなった</u>。
【VV上14】Bさんはとても<u>うれしくて</u>、Cおじさんに<u>感謝しました</u>。
【VV下17】二人はとても<u>うれしくて</u>、はくしゅしました。
【VV10】Rất may mắn, bác đó đã sửa được chiếc máy nghe nhạc. Hai cậu bé A, B rất <u>vui mừng và hạnh phúc</u>.
（ラッキーのことで、おじさんがゲームをすることができた。A君、B君二人とも嬉しくて、幸せでした。）
【VV14】Tuấn Kiệt rất <u>vui mừng</u> và cũng rất hối hận vì đã đánh Gia Bảo.
（Tuấn Kiệtさんはとてもうれしいし、Gia Bảo君を殴ったことを後悔している。）
【VV16】Tí và Tèo rất <u>mừng</u> vì cái máy đã được sửa lại.
（機械が直されて、Tí君とTèo君はとてもうれしかった。）

【VV17】Nam và An rất <u>vui</u> và cảm ơn bác.
　　　（Nam君とAn君はとてもうれしくて、おじさんに感謝した。）

　以上、視点表現と視座の表し方について考察を行った。次は、注視点の表し方について考察する。

5.5.2　注視点・主語について
　本研究の結果から注視点の表し方は、学習者の日本語レベルに関わることがわかった。日本語の上達に従い、注視点の一貫性も明示・非明示の傾向も徐々に日本語母語話者に近づいていく。ただし、学習者の文章を検討すると、どんなときに明示しなければならないか、どんなときに明示しなくてもいいかという「一貫性」「明示・非明示」の規則の意識は日本語レベルが高い学習者にもほとんどないことがわかった。
　学習者は日本語の文章を書くときも、母語で書くときと同様に、「主語―述語」という文の基本的な構成で書く。つまり、同じ登場人物に関わる行為・事態を描写するときも、主語を文に明示する傾向が強い。また、ベトナム人学習者の文章では、主語がいちいち移動しても、事態の関与者（行為の主体）である主語が文に全て明示されているため、明示されていない文よりわかりやすい。しかし、同じ関与者の行為であれば、その関与者を注視点として一貫している日本語母語話者の書き方に比べると、大きく異なっている。この違いが、学習者の文章は不自然であると日本語母語話者に感じさせてしまう要因の1つとなっているのではないかと考えられる。

5.6　まとめ

　本研究は、ベトナム人学習者の産出文章における視点の表し方の実態を明らかにするものである。文章における〈視点の表し方〉を①〈視座の表し方〉（視座の一貫性と視点表現の用い方）、②〈注視点の表し方〉（主語の一貫性と明示・非明示の傾向）の2項目に分けて検討した結果、両項目ともに、統計上では日本語レベルがより高い上位群学習者は、下位群学習者より母語話者に近い傾向が観察された。しかし、上位群学習者の文章で

さえ、産出視点表現や主語の一貫性及び明示・非明示の仕方を検討すると、上位群学習者と下位群学習者ともに日本語母話話者の表し方と異なり、ベトナム語での表し方と類似していることが見られた。このことから、ベトナム人学習者は、文章を書く際に、授受表現や受身表現、移動表現などの視点表現を産出しても、〈視座〉といった〈話者のいる場所〉の意識がないことがわかる。同様に、複文で場面を語り、注視点の一貫性が見られても、その一貫性の意識はなく、一貫したりしなかったりすることも見られた。視点の意識のない学習者が、より自然な文章を書けるようになるには、日本語の産出の正確さ、すなわち言語形式的な正確さの他に、日本語母語話者の視座と注視点といった認知的なことを意識させる必要があると考えられる。

以上の研究により得られた結果を踏まえ、次章では、視点の表し方の問題を抱えているベトナム人中上級学習者に視点の問題を意識させる指導の実験を行う。視点を意識させることで学習者の視点の表し方が母語話者に近づくかという実験の結果から、視点の効果的な指導法を提案していく。

注 [1]　武村（2010）によるパーソナル・ナラティヴ（Personal Narrative / Personal Telling Task）とは、調査対象者にトピックを提示し、トピックについて思い出す時間を与え、口頭で語らせる調査方法である。
[2]　武村（2010）、奥川（2007）などの先行研究で扱ったアニメーションは、動画による物語を指す。
[3]　SPOTはSimple Performance-Oriented Test（日本語能力簡易試験）の略語であり、筑波大学の小林典子・フォード丹羽順子・山元啓史によって開発されたテストである。使用許可を得たSPOTはVer.3（日本語能力試験3級に対応）とVer.2（日本語能力試験2級に対応）の2種あるが、本調査の対象者のレベルは中級以上であるため、Ver.2のみを用いることにした。
[4]　本調査に用いた漫画は筆者が考えた物語をもとに、イラスト作成の専門家（日本人）によって書かれたものである。
[5]　ベトナム語の主な構文要素（nòng cốt câu）:「主語―述語」（Hoàng 1980; Diep 2011など）
　ベトナム語の基本的な単文：主語＋動詞／形容詞（＋目的語）

　　　　肯定文：**主語**＋動詞／形容詞
　　　　　　a) <u>Tôi</u>　đi　　học.　　b) <u>Cô ấy</u>　đẹp.
　　　　　　　 私　行く　学校　　　　 彼女　　綺麗
　　　　否定文：**主語**＋không（否定詞）＋動詞／形容詞
　　　　　　a) <u>Tôi</u>　không　ăn.
　　　　　　　 私　　không　食べる
　　　　　　b) <u>Anh ấy</u>　không　　cao.
　　　　　　　 彼　　　　không　　高い
　　　　疑問文：**主語**（＋có）＋動詞／形容詞＋không?
　　　　　　例：<u>Chị</u>　　　có　ăn　　　cơm　　không?
　　　　　　　　 あなた　　có　食べる　ご飯　　không
　　　　　　　 <u>Cà phê</u>　　có　ngon　　　 không?
　　　　　　　 コーヒー　　có　おいしい　 không

[6]　調査協力者の日本語教室では、『みんなの日本語Ⅰ・Ⅱ』が初級レベルの主な教科書として使われている。この教科書は、「あげる」と「くれる」の区別について、受け手が「わたし・私の親族」の場合、「〜あげる」ではなく「くれる」を用いると強調している。文法の導入・練習には「人は<u>**わたしに**</u>Nをくれます」／「人は<u>**わたしに**</u>NをVてくれました」の文型が多く使われている。

[7]　「壊される」、「故障される」はVJ上位群に3例、VJ下位群に2例見られた。

[8]　「日本語では自動詞／他動詞が対応する動詞のペアが存在するが、ベトナム語の場合自動詞しかないので、làmを使って他動詞化させる」（Nguyen 2014: 54）。

[9]　全場面において使役表現がVVに30例、VJ上位群に7例、VJ下位群に6例観察された。

第6章 | 研究3：
視点の指導法
——学習者の〈気づき〉を重視する
　　指導法の効果

　学習者に見られる視点の表し方の問題は、日本語と学習者の母語の事態把握が大きく異なる理由の他、学習者に視点の意識がないことにも関わっていると、前章で明らかにした。また、多くの日本語学習者の文章などに見られる不自然さは、視点の問題に関連しているとし、学習者に指導すべきであることを指摘した研究は多い。しかし視点をどのように指導すればよいのかという教育現場につながる効果的指導法の検討は、日本語教育ではまだほとんどなされていない。実際、日本語教育や第二言語習得研究でも、様々な指導法が提唱され、効果も検証されてきた。しかし、それらの指導法の全ては言語学で、言語化可能な言語項目の指導法であり、視点のような事態把握に関わる指導法ではなかった。視点の指導には、従来の日本語教育や第二言語習得に提唱されてきた言語学の立場からの指導法を用いても、学習者に学習してもらいたい内容を十分に伝えることはできないだろう。視点を指導するためには、言語形式や意味といった言語学的なものではなく、日本人の事態把握の仕方といった認知的なものからアプローチする必要がある。

　本研究は、第二言語習得の理論に基づき、学習者の認知プロセスの重要な段階である〈気づき〉を重視する指導法と、先行研究（渡辺2012）でも行われている〈明示的説明〉の指導法を実験し、それぞれの指導法及び両方法を結合した指導法の効果を比較検討することで、視点の指導における効果的方法を検討していく。本研究で捉える〈気づき〉とは、資料及び教師の非明示的介入により学習者に〈視座〉・〈注視点〉及びその構文的手がかり（視点表現と主語）に気づかせる方法であり、〈説明〉とは、教師が資料を使って明示的に説明する方法である。

　具体的には、視点の問題を抱えている中上級ベトナム人日本語学習者

を対象に〈気づきのみ〉、〈説明のみ〉、〈気づきと説明の結合〉の3つの実験群に分けて指導を行った。指導後の直後テストと遅延テストの産出文章及びフォローアップ・インタビューの結果をもとに、指導効果の持続性と学習者の意識変化の側面から考察していきたい。

本章では、第1節で視点の指導法及び第二言語習得における〈気づき〉とその指導法についての先行研究を概観し、第2節で研究目的と研究課題を述べる。第3節で実験の概要、第4節で実験の結果と考察について述べ、第5節で研究3をまとめる。

6.1 先行研究

6.1.1 視点の指導法に関する研究

視点を学習者に意識させる実験を行った研究者として、魏(2012)と渡辺(2012)が挙げられるが、指導を行ったのは渡辺(2012)のみである。渡辺(2012)は、日本の大学に在籍する中上級日本語学習者(中国、韓国、モンゴル、マレーシア語母語話者)を対象に、《指導あり》群と《指導なし》群に分けて視点の指導効果について調べた。《指導あり》の学習者には、「日本語でストーリーを語るのには視点を統一する必要があり、視点を統一するためには、主語を一貫させる必要があること、その手段として受身などが利用できること、「(て)もらう」「(て)くれる」などの授受・受益表現を使うことによっても文章の視点をコントロールすることができること」を事前に説明し、それらの表現の使い方を指導した。指導の後、主人公の視点で書くようにという指示を出し、学習者に漫画の内容を語る文章を書かせた。《指導なし》の日本語学習者と日本語母語話者に対しては、視点に関して何も言及せず、単に今見た漫画のストーリーを書くようにと指示を与えたのみである。その結果、《指導なし》に比べ《指導あり》の日本語学習者は、文章における主語の一貫性が高く、指導の効果が見られたという。一方、受身の多用も見られ、主語を一貫させる指導への対応が過剰になってしまったことも指摘している。また、「(て)もらう」「(て)くれる」の授受・受益表現は、物のやりとりをする授受表現としての使用については効果があったが、利益のやりとりを表す受益表現としての使用には、効果が見られなかった。これらの結果を

受けて渡辺（2012）は、受身表現と受益表現の使い方の指導を重点的に行う必要があるとし、さらに、視点を置くべき人物以外の登場人物による行為をどのように表現し、文章の中に配置すべきかについての指導や、日本語母語話者の恩恵のやりとりに関する知識も与えていくべきであると述べている。

しかし渡辺の指導が効果不十分であったのは、教師主導型の明示的な説明によるものとも思われる。教師が明示的に説明する指導法では、学習者に視点表現の用い方などの文レベルばかりに注目させてしまうのではないだろうか。視点というのは、談話レベルで捉える必要がある。学習者に談話レベルの産出までできるようにさせるためには、談話における視座と注視点について、日本語母語話者と学習者の表し方がどのように違っているのかを学習者に認識させることが必要だと考えられる。第二言語習得では、この認識をさせる方法の1つとして〈気づき〉が提唱されている。

6.1.2　第二言語習得における〈気づき〉の定義と役割に関する研究

第二言語習得における〈気づき〉の研究の多くはSchmidtが提唱する「気づき仮説」（Noticing Hypothesis）に基づいて行われている。Schmidt（1990）は〈意識〉（consciousness）の問題を取り上げ、第二言語習得における意識の役割について「〈意識的なプロセス〉は言語学習のある過程において必要な条件であり、他の学習面においても促進効果がある」と論じている。Schmidtは、〈意識〉の意味を①気づきとしての意識（consciousness as awareness）、②意思としての意識（consciousness as intention）、③知識としての意識（consciousness as knowledge）、④コントロールとしての意識（consciousness as control）の4つに分けている。言語教育で使われている〈気づき〉は、①の「気づきとしての意識」（consciousness as awareness）である。また、Schmidtはこの「気づきとしての意識」をさらに（1）知覚・認知（perception）、（2）気づき（noticing）、（3）理解（understanding）、の3つのレベルに分けている。上記の3つのレベルのうち、（2）気づき（noticing）が第二言語習得で重要な役割を果たすと指摘している。Noticingとは焦点の伴った気づき（focal awareness）のことである。このレベルでは、認知した様々な刺激の中から特定のものに焦点を当て、「個人的な経験」（subjective experience）として言

葉を使って表現する（verbal report）ことができる。しかし、方言の音声上の特徴を説明するなど、言葉による表現が不可能な場合もある。したがって、Schmidt（1993, 1995）は、この〈気づき〉のレベルは、ワーキングメモリ（作業記憶）内のリハーサル（rehearsal）と深い関わりがあり、認知した情報を長期記憶に転送する役割があると論じている。

　さらにSchmidt（1990）は、〈気づき仮説〉（Noticing Hypothesis）の中で、「言語習得が起こるにはインプットが理解されるだけでなく、そこで扱われた言語形式に学習者が気づかなければならない、すなわち、〈気づき〉は、認知プロセスの第一段階であるだけに、気づきが起こらなければ、第二言語習得は進まない」と述べている。この〈気づき〉はアウトプット仮説、インタラクション仮説でも言及されている。

　アウトプット仮説（Swain 1985, 1995, 2005など）を提唱したSwainは、アウトプットをしようとして、自分の言いたいことと言えることのギャップに気づけば、それを埋める新しい知識を取り入れるためにインプットに注意を向けるようになるなどの効果があると述べている。

　インタラクション仮説（Long 1983, 1996）は、明示的フィードバック（直接的に誤りの部分を指摘する）と暗示的フィードバック（間接的に指摘する）を通して学習者が自分の発話が正しくないことに気づき、その結果、理解可能なアウトプットへと修正することができる（JACET SLA研究会2013: 43）というもので、ここでも学習者自身の気づきは、インプットを促進し、アウトプットに結びつけるという重要な役割を担うことが指摘されている。

　以上の仮説を踏まえ、教室内での気づきの内容について、主に以下の3つの〈気づき〉が挙げられている（村岡2012, 大関2015など）。

①インプットの中の言語形式への意識的な気づき（noticing a form）
（Schmidt 1990）
②学習者の中間言語と目標言語との差の気づき（noticing a gap）
（Schmidt & Frota 1986）
③言いたいことが言えないことの気づき（noticing a hole）
（Doughty & Williams 1998）

具体的に、学習者の気づきを促す指導法として、第二言語習得では、Long（1991）が提唱した「フォーカス・オン・フォーム」（Focus on form：FonF）が注目されている。このFonFの最初の定義は、「学習においてコミュニケーション上の必要に応じて言語形式に焦点を当てる」（向山2004: 127）であったが、その後Long & Robinson（1998）は、「学習者の注意がどこに向けられているか」で、教室指導の種類をFocus on Meaning（FonM）、Focus on FormS（FonFS）、Focus on Form（FonF）の3つに分類している。FonMは焦点が意味だけに限定されている指導、FonFSは言語形式だけに焦点を当てることを要求する指導、FonFは意味への焦点をコミュニケーション上の必要性に応じて言語形式にシフトさせる指導のことを言う。Doughty & Williams（1998）は、「初期の定義はより理論的であったが、Long & Robinson（1998）では研究者、教師双方にとって実際に応用できるものになっている」と述べている（向山2004: 127）。一方、Doughty & Williams（1998）は「Focus on Form（FonF）でもっとも重要なのは、指導の基本的な考え方で、言語形式に注意が向けられるときには意味と機能が既に学習者に明らかになっていることである」（向山2004: 127）とし、Long & Robinson（1998）がコミュニケーション上の問題が起こってから（reactive）の介入しか考えていないのに、Doughty & Williams（1998）は問題が起こる前（proactive）の介入を認めている点で大きく異なっている（向山2004: 127）。この他、Spada（1997）、R. Ellis（2001）、Eliis, Basturkmen & Loewen（2001, 2002）が異なる考え方からFonFを定義している（向山2004: 127）。

　実際に教室で行われている指導法としては、Norris & Ortega（2000）による「明示的指導法」や「暗示的指導法」が挙げられる。これらの指導法は、明示性の度合いに焦点を当てたものである。明示的指導法には、指導の始めに文法や語彙の説明をする「明示的演繹的指導」[1]や「文法説明」、暗示的指導法には「インプット洪水（input flood）」[2]や「インプット強化（input enhancement）」[3]などがある。その他、「明示的（explicit）」と「暗示的（implicit）」は、学習者の誤用に対する修正フィードバック（Corrective Feedback）（Lyster & Ranta 1997）の手法にも用いられている（「明示的フィードバック」、「暗示的フィードバック」）。明示的フィードバックには明示的修正[4]や明確化要求[5]やディクトグロス（dictogloss）[6]などがあり、暗示的に誤りに注意を向けさせる暗示的フィードバックには、リキャスト

(recast)[7]やメタ言語的修正[8]などがある。

明示的指導と暗示的指導では、どちらのほうが効果的なのかは、研究により異なる。例えば、Norris & Ortega（2000）が教育効果を調べた先行研究の結果を改めて分析したところ、明示的指導のほうが暗示的指導より効果があると指摘しているが、Rosa & O'Neill（1999）、Rosa & Loew（2004）、Sanz & Morgan-Short（2004）などは、「明示的文法説明の効果を否定するものではないが、文法説明よりむしろフィードバックの方が重要である」（向山2004: 140）と述べている。Rosa & O'Neill（1999）は、暗示的フィードバックを含むルール発見の指示が文法説明と同等の効果があるとし、Rosa & Leow（2004）は、文法説明が含まれる指導でも効果は見られたが、事前の説明よりフィードバックとして与えるほうがより効果的であるとしている。そして、Sanz & Morgan-Short（2004）は、文法説明の有無にかかわらずフィードバックを含むタスクが学習を促進すると指摘している（向山2004）。

第二言語習得で提唱されてきた指導法やその効果測定の対象、つまり指導の内容は、語彙・文法・音声などいわゆる伝統的な言語学に関わるものである。視点の表し方のような事態把握に関わるものに対しては、どのような指導法が効果的であるか、様々な指導法の効果を測定し、比較したうえで論じる研究は管見ではない。

以上のことを踏まえ、本研究は、第二言語習得において重要な役割を果たすと論じられている〈気づき〉を取り入れ、学習者の〈気づき〉を重視する指導法（＝学習者の気づきを促進するための工夫をした指導法）を試みた。学習者の気づきをSchmidtの定義に従い、〈知覚・認識〉→〈気づき〉→〈理解〉の3つのレベルに分け、この3つのレベルで〈気づき〉を促進する教室活動を行った。

6.2 研究課題

〈説明〉と〈気づき〉の両方法を実験し、それぞれの効果を測定したうえで、視点問題における効果的な指導法を考察することが本研究の目的である。学習者の産出文章（直後テストと遅延テスト）と指導内容に対する学習者の記憶をもとに、効果の持続性と学習者の意識変化の2つの側面

から考察していく。そのために、以下のような3つの課題を設定した。

課題1　直後産出の文章における視点の表し方において、実験群間に差があるのか。
課題2　遅延産出の文章における視点の表し方において、実験群間に差があるのか。
　　　　直後産出の文章と比べて変化があるのか。
課題3　視点に対する記憶は、実験群間に差があるのか。

6.3　実験の概要

実験から結果の測定までの手順は次の通りである。

Step①：「気づきのみ」「説明のみ」「結合」の3つの実験群に分けて指導を行う。
Step②：指導を実施した直後に、産出データを取る。
Step③：指導を実施した3か月後に、Step②と同じ手法で産出データを取る。
Step④：それぞれの実験群にフォローアップ・インタビューを行う。

6.3.1　対象者

　本実験は、中上級ベトナム人日本語学習者（79名）を対象に実施した。学習者は、ベトナム国内の大学に在学し、来日歴のない日本語を専攻する3年生である。学習者は、研究2における産出調査の学習者と同様に、同じ学科、同じ日本語学習歴（2年6か月）である。学習者のレベルは、日本語の成績と日本語授業の担任教師の判断によりほぼ同じレベルの学生を選んだ。この79名の学習者（以下、実験群）から、指導の方法により実験群1（気づきのみ）、実験群2（説明のみ）、実験群3（気づきと説明の結合）の3つのグループに分けた。
　実験の後、実験群の産出結果を統制群（44名）と母語話者（22名）の産出結果と比較した（統制群、母語話者：研究2対象者。今回の実験は受けていな

い)。全対象者の内訳は、表6-1の通りである。

表6-1 実験対象者の内訳

対象者群		人数	所要時間		
実験群			気づき	説明	アウトプット
実験群1	気づきのみ	25名	○ 30分	×	○ 30分
実験群2	説明のみ	26名	×	○ 20分	○ 30分
実験群3	結合	28名	○ 30分	○ 20分	○ 30分
統制群	(実験なし)	44名	×	×	○ 30分
日本語母語話者		22名	×	×	○ 30分

　各指導法の所要時間は、実際の指導の内容から判断し、〈気づき〉のみのグループは30分、〈説明〉のみのグループは20分、〈気づき〉と〈説明〉の結合グループは50分とした。そしてどのグループもアウトプットのための時間を30分と設定した。それぞれの実験群に対する所要時間は異なっているが、視点の問題に対する効果を探るためには特に影響がないと思われる。

6.3.2　調査資料

　実験では、〈気づき〉指導用(資料①)、〈説明〉指導用(資料②)、直後テスト用(資料③)、遅延テスト用(資料④)の4種類の資料を用いた。

6.3.2.1　〈気づき〉指導用の資料

　〈気づき〉の指導に用いた資料(資料①)には、同じ漫画を見て書いた日本語母語話者の文章(A)とベトナム人学習者の文章(B)が載せてあり、この2つの文章を比較する質問が書かれている。漫画を作成するにあたっては、研究2の漫画と同様に視点表現(授受表現・受身表現・移動表現・感情表現)を使用すべき(産出されやすい)場面があること、登場人物が3人であり、その中の2人がどちらでも主人公になり得ることを条件にした。また学習者が視点に気づくことができる基準を以下の3点とし、その違いがはっきりとわかる文章をそれぞれ選んだ。

①主語の明示・非明示の傾向
②視座の表し方
③視点表現の用い方

表6-2 〈気づき〉指導用の資料——資料①

A	B
太郎は、学校から家に帰ってきた。冷蔵庫を開けて、アイスを探したが、なかった。おもちゃで遊んでいる妹に食べられたと思って、妹を怒った。お母さんが買い物から帰ってきて、子供たちが喧嘩しているのを見た。理由を聞いたお母さんは「私が食べたのよ」と言って、買ってきたばかりのアイスをあげた。太郎は、妹に謝って、本を読んであげることにした。	太郎は、学校から家に帰った。太郎は冷蔵庫を開けて、アイスを探したが、アイスがなかった。太郎はおもちゃで遊んでいる妹が食べたと思って、妹を怒った。その時、お母さんは買い物から家に帰った。お母さんは子供たちが喧嘩しているのを見て、理由を聞いた。お母さんは「お母さんが食べたよ」と言った。それから、お母さんは買ったばかりのアイスを2人にあげた。太郎は、妹に「ごめんなさい」と言って、妹に本を読んだ。
質問1：AとBのどちらが良い文章だと思いますか。その理由も書いてください。 質問2：AとBの文章の違いは何ですか。以下に書いてください。	

6.3.2.2 〈説明〉指導用の資料

〈説明〉の指導に用いた資料（資料②）には、日本語の視点の問題の特徴についての説明と、それに関係する例文が取り上げられている。資料の内容は、学習者の視点習得の問題を探った先行研究の結果を参考に、以下の項目を中心とした。

視点とその所属概念である視座・注視点の説明
視座を表す手がかり（視点表現）
注視点を表す手がかり（能動文での動作主／主語、受身文での非動作主／主語）

第6章 研究3：視点の指導法

表6-3 〈説明〉指導用の資料——資料②

```
                    視点の問題
  日本人の文章とベトナム人の文章の違いの1つに、視点の問題がある。
  日本人は、物語描写の文章を書くときに、視点を一貫する傾向がある。この視
点は、〈視座〉と〈注視点〉（主語）を意味している。〈視座〉とは、書き手（話者）
は誰の立場から描いているか、のことである。注視点とは、書き手（話者）は何
（誰）を描いているのか、のことである。書き手の視座は、授受表現、主観表現、
移動表現、感情表現などの用い方でわかる。注視点は主語の用い方でわかる。
  以下は、ベトナム人と日本人の文章の違いの具体例である。
  ★VN：花子は学校帰りにお財布を拾った。花子は財布を交番に届けて、お巡り
      さんは花子を褒めた。
  ★JP ：花子は学校帰りにお財布を拾った。（花子は）お財布を交番に届けた。
      （花子は）お巡りさんに褒められた。
分析：視座の一貫性と主語の明示・非明示との関係
  VNの文章：
    視座：花子→花子→お巡りさん
    主語：花子→【花子→お巡りさん】
  JPの文章：
    視座：花子→花子→花子
    主語：花子→（花子）→（花子）
    →花子は学校帰りにお財布を拾ったので、交番に届けた。お巡りさんに褒め
      られた。
```

6.3.2.3　直後テスト用の資料

指導の直後に行う直後テストに用いた資料（資料③）は、研究2で用いた漫画描写用紙である（図5-1）。

6.3.2.4　遅延テスト用の資料

指導を実施した3か月後に行う遅延テストに用いた資料（資料④）は、漫画と描写のための指示文が書かれており、漫画の構成なども資料③とほぼ同じである。ただし、漫画のストーリーは異なる。

6.3.3　実験の手順

6.3.3.1　指導

(1)〈気づきのみ〉群

〈気づきのみ〉群に対しては、以下のような3つの段階を行った。

図6-1　遅延テスト用の資料——資料④

①1人での〈気づき〉
　資料①（表6-2）を配布し、5分間読ませ、その後学習者1人ずつに気づいたことを書かせた。
↓
②グループディスカッションでの〈気づき〉
　学習者1人で気づいたことを書かせた後に、5人ずつのグループを作り、再度資料①を1グループに1枚配布し、**グループディスカッションを行い**、そこで気づいたことを記入させた。グループでのディスカッションをICレコーダーで録音した。
↓
③指導者の非明示的介入（フィードバック）による〈気づき〉
　グループのディスカッションで気づいたことをグループごとに書かせた後、教師がクラス全員に向けてフィードバックを行った。フィードバックでは、グループディスカッションで気づいたことを発表し合い、さらにディスカッションで気づいたことの他に、何か気づきはないか、指導者（研究者）が**フィードバック**の形で質問し、確認した。フィードバックも、指導後に内容が分析できるようにICレコーダーで録音した。
↓
　全ての活動が終わった後、資料③（図5-1）を配布し、産出文章を書かせた。

　学習者が1人ずつ書いた記録と、グループディスカッションごとで書いた記録及び録音データ、フィードバックの録音データをもとに各段階における〈気づきの内容〉を分析した（本章の6.5.1参照）。
　本研究で扱う〈気づきの内容〉もしくは〈学習者が気づいた内容〉とは、学習者が日本語母語話者の書いた文章とベトナム人学習者の書いた文章を読み、両文章の違いについて調査用紙（資料①・表6-2）に明確に書いたり、グループディスカッションで発言したり、フィードバックで指導者の質問に答えたりした内容である。

(2) 〈説明のみ〉群

〈説明のみ〉群に対しては、視点の説明用の資料②(表6-3)を配布し、指導者(筆者)が日本語の視点の概念を説明し、例文を実験群と一緒に分析した。その後、資料③(図5-1)を配布し、産出文章を書かせた。

(3) 〈結合〉群

〈結合〉群に対しては、〈気づきのみ〉のグループと同じことを実施した後に、説明を行った。それが終わった後、資料③(図5-1)を配布し産出文章を書かせた。

6.3.3.2 直後テスト(直後産出)

各グループともに、指導を行った後に資料③(図5-1)を配布し、30分程度で物語描写文章を書かせた。指導を受けていない統制群の文章と母語話者の書いた文章を比較するため、アウトプット段階の進め方は、研究2の産出調査と全く同じである。また、研究2と同様に語彙レベルではなく、談話レベルで産出文章を検討するため、辞書を使ってもよいことにした。

6.3.3.3 遅延テスト(遅延産出)

視点問題の意識が学習者に残っているかどうかを検討するために、実験調査の3か月後、遅延テストを行った。テストの進め方は、実験直後のアウトプットと同様に学習者に漫画描写の資料④(図6-1)を配布し、30分程度で書かせた。テストの前に、視点の問題については触れなかった。

6.3.3.4 フォローアップ・インタビュー

直後テストと遅延テストの産出文章を比較した後、学習者がどの程度指導の内容を覚えているか、どのように視点について意識をしているのかを把握するために、実験群の中から9名(実験群1：3名、実験群2：3名、実験群3：3名)を選び、基本的にはベトナム語で[9]フォローアップ・インタビューを実施した。インタビューの対象者として選んだ基準は、次の通りである。

・直後テストと遅延テストの文章における視点の表し方がほぼ同じ
　　　　　　　　　　　　　　　　　　　　　　　　　　　　（S1）
・直後テストと遅延テストの文章における視点の表し方が異なる
　　＋直後テストの文章のほうが母語話者の文章に近い　　　（S2）
　　＋遅延テストの文章のほうが母語話者の文章に近い　　　（S3）

インタビューの主な内容は、〈主語や視点表現を用いた理由について〉、〈文章を書く際の視座の意識について〉、〈視点全体の意識について〉である。具体的には、以下のような質問をした。

Q1：どこから描写したか覚えていますか。
Q2：どうしてここに、本動詞ではなく授受表現／受身表現／移動の補助動詞を使ったのですか。
Q3：どうしてここに主観表現／感情表現を使ったのですか。
Q4：この文の主語は何ですか。どうして主語を省略したのですか。
Q5：視点の授業についてどんなことを覚えていますか。

インタビューの内容は、レコーダーに録音した。

6.3.3.5 実験手順のまとめ

指導の段階からフォローアップ・インタビューの段階までの過程は、以下の図6-2の通りである。

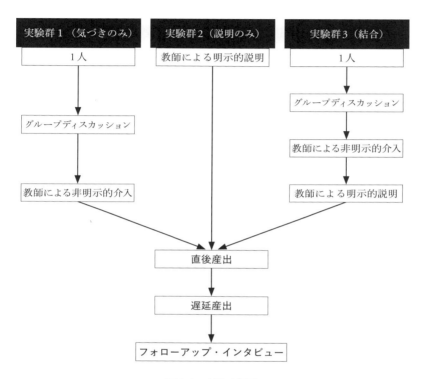

図6-2　実験手順図

6.3.4 分析の方法

学習者の産出文章における視座、注視点の判定基準は、研究1と研究2の基準と同じである。以下は、結果分析の手順である。

①実験群の文章における視座・注視点の判定
②実験群と統制群と日本語母語話者の文章における視座・注視点の比較
③実験群の直後テストと遅延テストの文章の比較
④インタビューの内容の分析とまとめ

6.4 調査の結果

6.4.1 学習者の〈気づき〉の内容

本項では、気づきを3つの段階で行うことにより学習者が視点の指導項目の何に気づいたのか、〈気づき〉の段階による〈気づき〉の内容に違いがあるかどうかを検討する。以下は、〈気づき〉を実施した実験群1と実験群3に見られた学習者の〈気づき〉の内容である。

6.4.1.1 1人での気づき

学習者1人で日本語母語話者が書いた文章（A）とベトナム人学習者が書いた文章（B）を読んで、回答した内容（質問1と質問2）を表6-4のようにまとめた。

質問1「AとBのどちらの文章が良い文章だと思いますか」に対しては、「Aのほうが良い」と思う学習者も「Bのほうが良い」と思う学習者も半分程度おり、あまり差がなかった。その理由について「Aのほうが簡潔でわかりやすい（Aの場合）」や「Bのほうが主語がはっきりしてわかりやすい」と書いていた。

質問2（AとBの文章の違いは何ですか）に対しては、表6-4でわかるようにJP・VJ両文章の主語の用い方の違いに気づいたのは、実験群1では25名中17名、実験群3では28名中18名だった。授受表現、受身表現、移動表現、主観表現（視点表現）の用い方の違いに気づいたのは、どの実験群

表6-4 1人での〈気づき〉の内容

分析項目		回答				
質問1 AとBはどちらの文章が良い？		実験群1 (N=25)			実験群3 (N=28)	
良い文章	A文章のほうが良い	12 (48.0)			12 (42.9)	
	B文章のほうが良い	10 (40.0)			15 (53.6)	
	AもBも良い	3 (12.0)			1 (3.5)	
	計	25 (100)			28 (100)	
質問2 AとBの違いは？		実験群1（気づきのみ）(N=25)			実験群3（結合）(N=28)		
		○	×	計	○	×	計
視座	話者のいる場所	0 (0.0)	25 (100.0)	25 (100)	0 (0.0)	28 (100.0)	28 (100)
視点表現	授受表現と本動詞の違い	13 (52.0)	12 (48.0)	25 (100)	16 (57.1)	12 (42.9)	28 (100)
	受身表現と本動詞の違い	20 (80.0)	5 (20.0)	25 (100)	21 (75.0)	7 (25.0)	28 (100)
	移動補助動詞と本動詞の違い	21 (84.0)	4 (16.0)	25 (100)	20 (71.4)	8 (28.6)	28 (100)
	主観表現の使用有無	18 (72.0)	7 (28.0)	25 (100)	18 (64.3)	10 (35.7)	28 (100)
	その違いの理由[10]	0 (0.0)	25 (100.0)	25 (100)	0 (0.0)	28 (100.0)	28 (100)
注視点	主語の明示・非明示	17 (68.0)	8 (32.0)	25 (100)	18 (64.3)	10 (35.7)	28 (100)
	主語の固定・移動	0 (0.0)	25 (100.0)	25 (100)	0 (0.0)	28 (100.0)	28 (100)
	その違いの理由	0 (0.0)	25 (100.0)	25 (100)	0 (0.0)	28 (100.0)	28 (100)

（　）内の数値は％　　○：気づいた　　×：気づかなかった

も半分以上だった。一方、話者のいる場所、つまり、視座の表し方に気づいたのは、1例もなかった。つまり、JPとVJの両文章から、主語と視点表現の形式的な違いについては気づくことができたが、その違いの理由や視座については気づくことができなかったと考えられる。以下の表6-5は1人での気づきの例である。

表6-5 1人での〈気づき〉内容の例

> 質問1：Bの文章のほうがいいと思います。その理由は、主語が文に明示されてわかりやすいからです。Aの文章は主語を隠され、わかりにくいです。
> 質問2：Aでは、〈食べられた〉の受身表現が使われていますが、Bでは〈食べた〉の本動詞が使われています。Aでは、〈帰ってきた〉が使われていますが、Bでは、〈帰った〉が使われています。

表6-5に示した気づき内容の例から、学習者は、両文章の表現の用い方と主語の明示・非明示の相違に気づいていることがわかる。しかし、なぜ表現の用い方が違うのか、なぜJPの文章に主語の非明示が多く、VJの文章には主語の非明示が見られないのかという明示・非明示の理由までは触れていない。

学習者1人で気づかなかったことをグループディスカッションでさらに気づくことが可能なのかどうかは、次項で述べる。

6.4.1.2　グループディスカッションによる〈気づき〉

グループディスカッションによる学習者の〈気づき〉の内容（質問2）[11]は、表6-6[12]で示す。

表6-6　グループディスカッションによる〈気づき〉の内容

分析項目		実験群1（気づきのみ）(N=5)				実験群3（結合）(N=6)			
		記入		録音		記入		録音	
		○	×	○	×	○	×	○	×
視座	話者のいる場所	0	5	0	5	0	6	1	5
視点表現	授受表現と本動詞の違い	5	0	5	0	6	0	6	0
	受身表現と本動詞の違い	5	0	5	0	6	0	6	0
	移動補助動詞と本動詞の違い	5	0	5	0	6	0	6	0
	その違いの理由	0	5	0	5	0	6	0	6
注視点	主語の明示・非明示	5	0	5	0	6	0	6	0
	主語の固定・移動	0	5	4	1	0	6	0	6
	その違いの理由	0	5	0	5	0	6	0	6

○：気づいた　　×：気づかなかった

25名の実験群1（気づきのみ）を5グループに、28名の実験群3（結合）を6グループに分け、グループディスカッションをさせ、記入データ（資料①への記入）と記録データを取り分析した。記入データによると、表6-6でわかるように、実験群1の全5グループ、実験群3の全6グループが、主語の明示・非明示の違いについて記入していた。主語の違いについて記入していたグループのいずれも、「Aは主語がよく省略されているが、Bは省略されていない」と書いていた。視点表現についても、全てのグループが両文章の表現の用い方の違いに気づいた。ただし、〈1人での気づき〉と同様に、表現の用い方の違いが何を意味しているかは、気づくことができなかった。視座についてもほとんど気づくことはできなかった。

　録音データからは、グループディスカッションのほうが1人での気づきより、表現の用い方、主語の用い方の違いを全員でより理解できる場になったのではないかということがうかがえた。表6-7は、グループディスカッションでの〈気づき〉内容の例である。

表6-7　グループディスカッションでの〈気づき〉内容の例

> S1：私はAのほうがいいと思います。Aの文章のほうがプロっぽい。「帰ってきた」とか「食べられた」「読んであげることにした」とか、レベルが高い。
> S2：でも主語がわからない。主語を判定するのに時間がかかる。Bのほうがわかりやすい。
> S3：そう。Bは文章全体が長いけど、各文が短いし、主語・述語がはっきりされているし、わかりやすい。Aはレベルの低い人には、主語の判定とか、理解が難しいかも。

6.4.1.3　指導者の非明示的介入による気づき

　1人やグループディスカッションでは、視点表現・注視点の違いについて気づいたが、その理由や話者のいる場所（視座）については気づかなかった。次に指導者が介入したＱ＆Ａを実験群1、3の全員に試みた。録音データを分析した結果、ほとんどの学習者が主語や視点表現の用い方の違いの理由まで気づいたことがわかった。受身・授受・移動などの表現は、話者のいる場所に関係するということに気づくこともできた。つまり、以下の表6-8のように学習者は、「話者のいる場所」を自分で気づ

くことはできないが、指導者が表現の違いから促していくと気づくことができると考えられる。表6-8は、非明示的介入（Q&A）の例である。

表6-8 視点表現の用い方の違いの説明例

> T：「帰ってきた」と「帰った」はどう違いますか。
> S：「帰ってきた」の場合は、話者が行って戻ったとわかりますが、「帰った」は、行って戻ったかどうかわかりません。
> T：話者はどこにいると思いますか。
> S：「帰ってきた」の場合は、話者が家にいますが、「帰った」の場合は、家にいるかどうかわかりません。

T：指導者　S：学習者

6.4.2　視点の指導効果①——指導直後の効果（直後テストの産出から）

指導を行った後に、学習者に物語描写による産出文章を書かせた。以下、指導直後に見られた〈視座〉と〈注視点〉の表し方について述べる。

6.4.2.1　視座の表し方

〈視座の一貫性〉と〈視点表現の用い方〉に分けて検討する。

(1) 視座の一貫性

本研究では、視座の一貫性を移動の傾向と固定の傾向の2つに大きく分けるだけでなく、移動視座と固定視座をさらに下位分類した。

　移動の傾向
　　タイプ①：全体的に視座を移動する
　　タイプ②：全体的に1人の登場人物に視座を置くが、一時的に他の人物に移動する
　　タイプ③：ほとんど客観的に描写するが、一時的に登場人物に視座を置く

　固定の傾向
　　タイプ④：文章の最初から最後まで視座を1人の登場人物のみに置く
　　タイプ⑤：視座をどの人物にも置かず、文章の最初から最後まで客

観的に描写する

　以下の表6-9、6-10、6-11、6-12、6-13は、それぞれのタイプの文章の例である。

表6-9　視座タイプ①の文章例

〈G1-9〉[13]

　午後の5時に、公園で男の子が2人います。Aさんはサッカーをしています。Bさんはゲームをしています。AさんはBさんにボールでけり込みました。ゲーム機が壊してしまいました（ゲーム少年）。Bさんはとても怒りました（ゲーム少年）。AさんはBさんに打たれました（サッカー少年）。その時、Cさんが来ました（少年2人）。ゲーム機を修理してあげました（おじさん）。Bさんは、Cさんに「ありがとう」と言って、それから、BさんはAさんに「ごめんなさい」と言って、Aさんにゲームをしました。AさんとBさんはうれしいです（少年2人）。

判定の結果：・視点表現：受身、主観、感情、移動、授受
　　　　　　・視座：タイプ①（全体移動）
　　　　　　　　（ゲーム少年）→（サッカー少年）→（おじさん）→（少年2人）

表6-10　視座タイプ②の文章例

〈G1-2〉[14]

　公園にゲームをしているAさんとサッカーをしているBさんがいます。Aさんはゲームに夢中になっている間に、Bさんにボールをけり込まれて、転んだ（ゲーム少年）。それでゲームが落ちて壊れてしまった。ゲームが壊れてしまったと思っているAさんは、Bさんを怒って、Bさんの頭を打った（ゲーム少年）。近くにいて喧嘩を見たおじさんは、ゲームのボタンを拾って、直してあげた（おじさん）。Aさんはとても喜んだ。Bさんと喧嘩したのは、悪いことだと思って、とても恥ずかしいから、Bさんにゲームを貸してあげることにした（ゲーム少年）。

判定の結果：・視点表現：受身、主観、感情、授受
　　　　　　・視座：タイプ②（一時的移動）
　　　　　　　　（ゲーム少年）→（おじさん）→（ゲーム少年）

表6-11 視座タイプ③の文章例

〈G2-9〉[15]
　いい天気のある日、2人が遊んでいました。Aさんは、夢中にゲームをしていました。突然彼にボールをけり込みました。あああと、叫びます。ゲームを<u>壊されて</u>、怒りました（**ゲーム少年**）。すると、謝る子供にしかって、殴打しました。その時に、Aさんにゲームを修理する大人が現れました。修理した後で、ゲームが動きました。しかし、Aさんはとても<u>嬉しくて</u>自分のあやまりを<u>認めました</u>（**ゲーム少年**）。あの子供はかんべんします。それからAさんはあの子供にゲームを貸しました。

<u>判定の結果</u>：・視点表現：受身・感情・主観
　　　　　　　・視座：タイプ③（ほとんど客観だが一時的に登場人物に置く）
　　　　　　　　　中立→（ゲーム少年）→中立

表6-12 視座タイプ④の文章例

〈G3-2〉[16]
　A君は、スマートホンでゲームをしている。突然B君からしたボールにぶつけ<u>られてしまった</u>（**ゲーム少年**）。スマートホンが壊れてしまって、B君を怒った。それにB君の頭に打った。その光景を見たCさんはかいじゅうに<u>来て</u>、スマートホンを<u>修理してくれた</u>（**ゲーム少年**）。修理してもらったA君はとても<u>嬉しくて</u>B君に謝った（**ゲーム少年**）。B君もゲームがほしい<u>と思って</u>、ゲームをあげる<u>ことにした</u>（**ゲーム少年**）。

<u>判定の結果</u>：・視点表現：受身、移動、授受、主観、感情
　　　　　　　・視座：タイプ④（全体固定）
　　　　　　　　　（ゲーム少年）

表6-13 視座タイプ⑤の文章例

〈G1-22〉[17]
　公園の芝生に2人がいます。リンさんとミラさんです。
　リンさんは、サッカーをしています。ミラさんは、タブレットでルムを見ています。
　突然リンさんがミラさんのタブレットにボールを蹴りました。これはもう見ていないでオフになりました。それで、ミラさんは怒った。それから、二人は喧嘩した。電池を拾ったある人はそれを修正して、二人に返した。

<u>判定の結果</u>：・視点表現：なし
　　　　　　　・視座：タイプ⑤（全体中立）

各対象者群の視座の一貫性の結果は、表6-14と図6-3にまとめた。日本語母語話者（母語話者）と統制群の結果は、第5章で述べた研究1の結果に基づいた（表5-11参照）。

表6-14でわかるように、**実験群1**（気づきのみ）では、移動の傾向の割合（タイプ①～③、合計64.0%）が、固定の割合（タイプ④と⑤、合計36.0%）より高い。5つのタイプの中で、タイプ②（一時的に視座を移動する）の割合が最も高く（44.0%）、その次はタイプ④（文章全体に視座を一貫する）の割合である（32.0%）。ここで注目すべきなのは、中立的視座（タイプ③と⑤）の結果である。タイプ③の割合とタイプ⑤の割合を合わせてみると、実験群1は20.0%（16.0%と4.0%）であり、43.2%（20.5%と22.7%）の統制群に

表6-14　視座の表し方の比較

対象者群		移動の傾向				固定の傾向			Total (小計I + II)
		タイプ①	タイプ②	タイプ③	小計I	タイプ④	タイプ⑤	小計II	
母語話者		1 (4.6)	2 (9.1)	0 (0.0)	**3 (13.7)**	18 (81.7)	1 (4.6)	**19 (86.3)**	**22 (100)**
実験群	実験群1	1 (4.0)	11 (44.0)	4 (16.0)	**16 (64.0)**	8 (32.0)	1 (4.0)	**9 (36.0)**	**25 (100)**
	実験群2	2 (7.7)	0 (0.0)	5 (19.2)	**7 (26.9)**	18 (69.2)	1 (3.9)	**19 (73.1)**	**26 (100)**
	実験群3	1 (3.6)	5 (17.8)	1 (3.6)	**7 (25.0)**	20 (71.4)	1 (3.6)	**21 (75.0)**	**28 (100)**
統制群		3 (6.8)	14 (31.8)	9 (20.5)	**26 (59.1)**	8 (18.2)	10 (22.7)	**18 (40.9)**	**44 (100)**

①全体移動　②主人公・一時的に移動　③中立・一時的に移動　④全体固定　⑤全体中立
（　）内の数値は、%

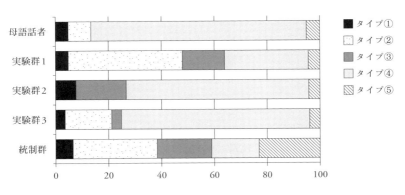

図6-3　視座の表し方の比較

比べると、低い。この結果から、〈気づきのみ〉の指導を受けた実験群1
は、統制群より〈登場人物の視座から語る〉という意識が高い可能性が
考えられる。ただし、両者とも全体的に移動の傾向が高いため、統計上
では〈視座の一貫性〉について指導の効果があったとは言えない。

　一方、**実験群2**（説明のみ）では、移動傾向の割合（タイプ①～③、合計26.9
％）より固定傾向の割合（タイプ④と⑤、合計73.1％）が高い。特に、5つの
タイプの中で、タイプ④（文章全体に視座を一貫する）の割合が最も高く、
タイプ⑤（文章全体的に中立的な視座で語る）の割合が最も低い（69.2％対3.9
％）。これは、指導を受けていない「統制群」と反対の傾向、母語話者と
は同様の傾向にある。つまり「説明」だけでも、統計上は視座の一貫性
についての効果はあったと言えよう。

　実験群3（結合）では、移動傾向の割合（タイプ①～③、合計25.0％）より
固定傾向の割合（タイプ④と⑤、合計75.0％）が高く、かつ母語話者の特徴
であるタイプ④（文章全体の視座が固定する）の割合が最も高い（71.4％）。ま
た、全体的に中立視座で語るタイプ⑤の割合が最も低い（3.6％、1例のみ）。
これは指導を受けていない「統制群」と反対の傾向、日本語母語話者と
は同様の傾向にある。この結果から、視座の一貫性について指導の効果
が現れたことがうかがえる。

　以上、実験群1、2、3の結果を日本語母語話者と統制群の結果と比較
すると、実験群3（結合）が最も日本語母語話者に類似しており、実験群
1（気づきのみ）は最も統制群に類似していることがわかった。実験群2
は、実験群3ほどではないが母語話者に近い傾向が見られた（図6-3参
照）。このことから、視座については、〈気づき〉よりも〈説明〉のほう
が効果があると言えるのではないだろうか。

(2) 視点表現の用い方

　話者の視座を判定する構文的手がかりとしての6つの視点表現の使用
状況は、以下の表6-15と図6-4で示す。日本語母語話者（母語話者）と統
制群の結果は、研究1（第5章）の結果に基づいた（表5-13参照）。

　実験群1（気づきのみ）では、6つの表現の中で授受表現の割合が最も高
く（33.7％）、その次は感情表現（21.0％）、受身表現（18.9％）、移動表現
（13.7％）、主観表現（11.6％）、使役表現（1.1％）である。この順番は、日

表6-15 視点表現の用い方の比較

対象者群		受身	授受	使役	移動	主観	感情	Total
母語話者		9 (12.9)	33 (47.1)	0 (0.0)	10 (14.3)	5 (7.1)	13 (18.6)	70 (100)
実験群	実験群1	18 (18.9)	32 (33.7)	1 (1.1)	13 (13.7)	11 (11.6)	20 (21.0)	95 (100)
	実験群2	15 (13.8)	17 (15.6)	2 (1.8)	14 (12.8)	21 (19.3)	40 (36.6)	109 (100)
	実験群3	32 (25.4)	29 (23.0)	3 (2.4)	14 (11.1)	18 (14.3)	30 (23.8)	126 (100)
統制群		10 (7.0)	19 (13.3)	13 (9.0)	22 (15.4)	10 (7.0)	69 (48.3)	143 (100)

( ) 内の数値は、%

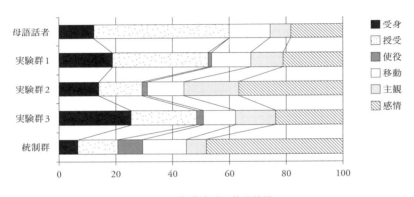

図6-4 視点表現の使用状況

本語母語話者とほぼ同じである。

　実験群2（説明のみ）では、感情表現の割合が最も高く（36.6%）、その次は、主観表現（19.3%）、授受表現（15.6%）、受身表現（13.8%）、移動表現（12.8%）、使役表現（1.8%）である。感情表現の割合が高く、授受表現の割合が低いという点は日本語母語話者と反対の傾向、統制群と同様の傾向にある。

　実験群3（結合）では、受身表現の割合が最も高く（25.4%）、その次は、感情表現（23.8%）、授受表現（23.0%）、主観表現（14.3%）、移動表現（11.1%）、使役表現（2.4%）である。この順番は母語話者にも統制群にも似ていないが、統制群に比べて授受表現の割合が高く、感情表現の割合が少ないという点では、母語話者に似た傾向が見られた。

　実験群の文章における視点表現の用い方を日本語母語話者や統制群と

比較すると、図6-4で示すように、全体的に実験群1と実験群3は、実験群2より、日本語母語話者に近い傾向が見られた。

ただ、どの実験群も、母語話者や統制群にあまり見られなかった受身表現や主観表現の多用が目立った。受身表現の使用は、実験群1が母語話者の1.5倍、実験群3では、約2倍だった。主観表現は、実験群2に多く、統制群や母語話者の約3倍もあった。

この主観表現や受身表現、また実験群2の感情表現の多用の理由を探るため、それぞれの産出文章を分析し、フォローアップ・インタビューを行った。その結果、次のことがわかった。

実験群1（気づきのみ）の場合は、受身表現が多く用いられたのは、場面2（サッカー少年がゲーム機を壊す）であり、主観表現が多く用いられたのは場面2（2人の少年が仲直りする）と場面7（ゲーム少年がサッカー少年にゲームを貸す）であった。これらの場面は、産出用の資料（漫画）と、気づきの指導に用いた資料（資料①）と似た場面設定であった。そのため、学習者は、資料①で使われていた主観的な表現と受身表現を同じように用いていた。

（1）指導用の資料（資料①）に見られる母語話者の使用表現
　　「アイスを食べられた」
　　「食べられたと思う」「読んであげることにした」
（2）産出用の資料（資料③）に見られる学習者の使用表現
　　「殴られた」「壊された」「けり込まれた」（場面2）
　　「殴ったことが悪いと思う」「貸してあげることにした」（場面7）

実験群2（説明のみ）の場合は、一人称で語る文章が多く（26名中11名）、視座を一貫させるために、受身表現を使っていた。学習者は、特定人物で語るためには一人称で語らなければならないと思ったようだ。そのため、主人公（学習者・書き手自身）の気持ちを表す表現を多く用いた（場面2：「怒る」、場面6：「嬉しい」・「反省する」など）。一人称で語り、主観表現を多く用いて視座を一貫させようとした実験群2は、統計上では視座の一貫性が高く、母語話者に近づいたようにも見られたが、日本語母語話者とは視点表現の用い方で大きくズレが見られるなど、指導を受けることで日本語の視座が理解できたとは言いがたい。

実験群3（結合）の場合は、視座を一貫するために、授受表現や受身表現などを多く使っていた。また、特定の登場人物になったつもりで語るために、その人物の気持ちを表す主観的な表現を用いていた。例えば、被害者の視点で語ろうとした場面2では、被害を受けた人物の気持ちを考えて受身を使ったようである。また主観表現が多く見られた場面5、6、7も、その人物の意志で語ったほうがいいと学習者なりに考えたとのことであった。

　フォローアップ・インタビューの結果、実験群1（気づきのみ）と実験群3（結合）は、視座を一貫するために授受表現と感情表現を用いていたことがわかった。これは、学習者に視座を一貫する意識が形成され、文章にその意識が現れたからだと考えられる。一方、統計上で視座の一貫性が高かった実験群2（説明のみ）は、視座を一貫させるための様々な視点表現の用い方ができておらず、実際には視座の理解ができていないことがわかった。このことから視座を一貫するための視点表現が産出できるようになるには、教師の明示的説明よりも、学習者の気づきのほうが重要であると思われる。

6.4.2.2　注視点の表し方

　注視点の表し方を分析するために、まず対象者が単文で物語を語るか複文で語るかによって文章を3つのタイプに分けた。その結果を表6-16に示した。全体の文章を見ると、「気づきのみ」と「結合」は、物語の1つあるいは2つの場面を複文で語る場合が多く、母語話者と同様の傾向が見られた。

表6-16　物語を語る文章のタイプ

対象者群		S	S＋F	F	Total
日本語母語話者		2 (9.1)	1 (4.5)	19 (86.4)	22 (100)
実験群	実験群1（気づきのみ）	2 (8.0)	5 (20.0)	18 (72.0)	25 (100)
	実験群2（説明のみ）	12 (46.2)	5 (19.2)	9 (34.6)	26 (100)
	実験群3（結合）	3 (10.7)	2 (7.1)	23 (82.2)	28 (100)
統制群		25 (56.8)	11 (25.0)	8 (18.2)	44 (100)

（　）内の数値は、％
S：ほとんど単文で語る文章　F：ほとんど複文で語る文章　S＋F：単文と複文で語る文章

注視点は〈一貫性〉と〈明示性〉の2つの側面から検討する。

(1) 注視点の一貫性

注視点の一貫性の結果を表6-17にまとめた。表6-17に示したように〈文章全体固定〉(文章の最初から最後までの注視点が1つのみ)の割合がどの対象者群も0.0％である。このことから、日本語母語話者も学習者も注視点を一貫しないことがわかった。しかし、〈文章全体移動〉の中を〈固定の傾向〉(＝固定パターンが多い文章)と〈移動の傾向〉(＝固定パターンが少ない/ない文章)に分けて比較すると、表6-17に示したように、調査対象者間に差が見られた。

表6-17　注視点の一貫性の比較

対象者群		文章全体移動		文章全体固定	Total
		移動の傾向	固定の傾向		
母語話者		0 (0.0)	22 (100)	0 (0.0)	22 (100)
実験群	実験群1	1 (4.0)	24 (96.0)	0 (0.0)	25 (100)
	実験群2	20 (76.9)	6 (23.1)	0 (0.0)	26 (100)
	実験群3	2 (7.1)	26 (92.9)	0 (0.0)	28 (100)
統制群		35 (79.5)	9 (20.5)	0 (0.0)	44 (100)

( ) 内の数値は、％

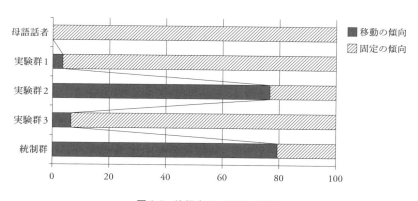

図6-5　注視点の一貫性の比較

各実験群の注視点の一貫性の傾向は、図6-5で表した。図6-5でわかるように、実験群1（気づきのみ）と実験群3（結合）では、〈固定の傾向〉の割合が高く（96.0%と92.9%）、日本語母語話者に近い傾向が見られた。一方、実験群2（説明のみ）では、〈移動の傾向〉の割合が高く、統制群に近い傾向が見られた（76.9%と79.5%）（表6-17）。つまり、注視点の一貫性は、気づきありの実験群1と実験群3は母語話者に近づいたが、〈気づきなし〉の実験群2は統制群とほとんど変わらないことが明らかになった。
　注視点の〈移動の傾向〉と〈固定の傾向〉の文章例は、以下の表6-18、6-19の通りである。

表6-18 〈移動の傾向〉注視点の文章例

【G2-2】
AさんはBさんが音楽を聞いている所でサッカーをします。
突然、Bさんはボールをぶつけられました。
Bさんのラジオは故障したので、Aさんは弁償させした。
Aさんは、修理できないので、殴打されました。
おじさんは、その事情を見て、手伝いました。
それから、おじさんは、Bさんにラジオを修理してあげます。
Bさんは、Aさんに謝りをしてもらいました。
Aさんは、直してもらって、うれしくてたまらなかった。
それから、Aさんにラジオを貸してあげました。

判定の結果：注視点：タイプ①
　　　　　　ほとんど単文で物語を語る。主語をよく変える。全文に明示する。

表6-19 〈固定の傾向〉注視点の文章例

【G1-8】
校庭に、Aさんはゲームをした。突然、ゲーム機にボールを飛び出された。とても怒って、Bさんに弁償させた。そして、Bさんの頭を叩いた。その時、先生が来て、Aさんのゲーム機を修理した。…〈中略〉

判定の結果：注視点：タイプ④
　　　　　　複文で物語を語る。主語が変わらない限り1回のみ明示する。
---

(2) 注視点の〈明示性〉

注視点の一貫性を比較した〈移動の傾向〉と〈固定の傾向〉の中を〈明示〉と〈非明示〉に下位分類し、注視点の「明示・非明示」の傾向を検討する。注視点の〈明示・非明示の傾向〉の結果は、表6-20と図6-6で示す。日本語母語話者（母語話者）と統制群のデータは、研究1の結果に基づいた（表5-14参照）。

表6-20 注視点の明示性の比較

対象者群		移動の傾向			固定の傾向			Total (小計I + II)
		明示 ①	非明示 ②	小計I	明示 ③	非明示 ④	小計II	
母語話者		0 (0.0)	0 (0.0)	0 (0.0)	0 (0.0)	22 (100.0)	22 (100)	22 (100)
実験群	実験群1	1 (4.0)	0 (0.0)	1 (4.0)	5 (20.0)	19 (76.0)	24 (96.0)	25 (100)
	実験群2	17 (65.4)	3 (11.5)	20 (76.9)	1 (3.9)	5 (19.2)	6 (23.1)	26 (100)
	実験群3	2 (7.1)	0 (0.0)	2 (7.1)	4 (14.3)	22 (78.6)	26 (92.9)	28 (100)
統制群		30 (68.2)	5 (11.4)	35 (79.6)	3 (6.8)	6 (13.6)	9 (20.4)	44 (100)

①〜④は、タイプ①〜④　（　）内の数値は、％

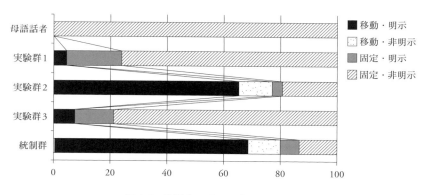

図6-6 注視点の明示・非明示の比較

〈移動の傾向〉については、実験群2（説明のみ）と統制群ともにタイプ①〈明示の傾向〉（全文・前節に注視点を明示する）が見られた。特に実験群2と統制群は、その割合が高かった（それぞれ65.4％と68.2％）。

〈固定の傾向〉については、実験群1（気づきのみ）と実験群3（結合）は、タイプ④〈非明示の傾向〉（＝固定パターンに注視点を1回のみ明示するタイプ）

の割合がそれぞれ76.0%と78.6%であり、母語話者(100.0%)に近い傾向にあることがわかった。つまり、注視点の明示・非明示の傾向は、注視点の一貫性と同様に、〈気づきあり〉の実験群1と実験群3は、日本語母語話者に近づいたが、〈気づきなし〉の実験群2は、母語話者に近づいていないことが観察された。

これらの結果から、注視点の表し方においても、〈説明〉より〈気づき〉のほうが効果があると言えよう。

以下の表6-21、6-22、6-23、6-24は、各注視点タイプの文章例である。

表6-21 〈明示の傾向〉注視点の文章例①——〈移動傾向〉の場合

【G1-9】
午後の5時に、公園で男の子が2人います。
Aさんはサッカーをしています。
Bさんはゲームをしています。
AさんはBさんにボールでけり込みました。
ゲーム機が壊してしまいました
Bさんはとても怒りました。
AさんはBさんに打たれました。
その時、Cさんが行ってきました。
〈…〉[18]ゲーム機を修理してあげました。
Bさんは、Cさんに「ありがとう」と言って、それから、BさんはAさんに「ごめんなさい」と言って、Aさんにゲームをします。
AさんとBさんはうれしいです。

<u>判定の結果</u>：注視点：タイプ①（移動の傾向・明示の傾向）
　　　　　　　固定するか移動するかにかかわらず、主語がほとんど各文各節に明示されている。

表6-22 〈明示の傾向〉注視点の文章例②——〈固定傾向〉の場合

【G2-5】
公園でBさんが夢中にサッカーをしているので、近い所でAさんがIpadでゲームをしています。突然、Aさんにうっかりボールをけり<u>込んでしまったので</u>、軽いけがをしてしまいました（**ゲーム少年**）。また、Ipadが落ちて故障しました。それからBさんが「どうもすみません、すみません」と言いましたが、Aさんがプンプン怒ってきて声で叫んでBさんの頭を投打しいていました。ある男の人はAさんとBさんが喧嘩しているので見に行ってくる。男の人が事件の事情がわかったらゲーム機を修理しました。2人が楽しくて<u>ありがたかった</u>です（**ゲーム少年**）。Aさんと Bさんが<u>後悔しました</u>（**ゲーム少年**）。Aさんが「さっき怒って、叫んですみ

ません」と言いました。Bさんとゲームをするように誘いました。AさんとBさんが仲良くなりました。

<u>判定の結果</u>：注視点：タイプ③（移動の傾向・明示の傾向）
　　　　　　　主語が固定される傾向だが、文にいちいち明示する傾向である。

表6-23　〈非明示の傾向〉注視点の文章例①――〈移動傾向〉の場合

【G2-3】
公園でAさんはサッカーをし、Bさんはゲームをしています
突然、AさんはBさんにボールをぶつかりました。
〈Bさんは〉携帯電話を壊されたので、Aさんをしかりました。
そして、〈BさんとAさんは〉投打しました。
それから、おじさんは二人が見えました。
〈おじさんは〉「どうしましたか」と言いました。
〈おじさんは〉話を聞くときその2人を手伝いました。
修理してもらって、〈Bさんは〉楽しかったです。
Aさんがすみませんと言いました。
その2人は一緒に遊びました。
Bさんは携帯電話を貸しました。

<u>判定の結果</u>：注視点：タイプ②（移動の傾向・非明示の傾向）
　　　　　　　主語がよく変わり、変わった時の文に明示しない場面もある。

表6-24　〈非明示の傾向〉注視点の文章例②－〈固定傾向〉の場合

【G3-21】
公園で**A君**は、ゲームをしていた。
近くにサッカーをしている**B君**はA群をぶつかってしまった。
ですから、A君の**ゲーム機の電池**が落ちてしまって、壊れた。
ゲーム機が壊れて、**A君**は腹が立っていた。
それから、〈…〉B君を打ってしまった。
その時、**先生**は、AとBが喧嘩しているのを見て、A君のゲームを直してやった。
A君は、とてもうれしかった。
それから、〈…〉B君に「ごめんなさい」と言って、ゲームを貸してあげた。

<u>判定の結果</u>：注視点：タイプ④（固定の傾向・非明示の傾向）
　　　　　　　1つの場面を1つの主語で語る。主語が変わらない限り、1回のみ主語を明示する。

6.4.2.3　直後産出の結果のまとめ

本調査の結果を次のようにまとめた。

〈気づき〉の指導は、〈視点表現の用い方〉と〈注視点の表し方〉には効果があるが、〈視座の一貫性〉にはあまり効果がない。〈気づき〉の後に〈説明〉の指導を加えることで、視座の一貫性にも効果が現れる。一方、教師の明示的な〈説明〉だけでは、視座の一貫性には、やや効果はあるものの、視点表現の用い方と注視点の表し方には効果が見られない。

視点の指導効果結果を表6-25にまとめた。

表6-25　直後産出の結果のまとめ

実験群	視座		注視点	
	一貫性	視点表現	一貫性	明示性
実験群1（気づきのみ）	△	○	○	○
実験群2（説明のみ）	△	×	×	×
実験群3（結合）	○	○	○	○

○ 効果あり　△ 効果不十分　× 効果なし

6.4.3　視点の指導効果②——効果の持続性（遅延テストの産出から）

本項では遅延テストと直後テストの結果を比較しながら、学習者の産出文章における視点の表し方の変化を検討していく。

3か月後の遅延テストに欠席した学習者が、それぞれの実験群に数名いたため、遅延テストは直後テストより若干人数が少ない。

6.4.3.1　視座の表し方について

直後テストの結果と同様に、遅延テストの産出文章における視座の表し方の変化を、視座の一貫性と視点表現の用い方の2つの側面から検討する。

(1) 視座の一貫性について

全実験群の視座の一貫性変化の結果は、以下の表6-26に示す。

表6-26　視座の一貫性の変化

対象者群		移動の傾向				固定の傾向			Total (小計I + II)
		タイプ①	タイプ②	タイプ③	小計I	タイプ④	タイプ⑤	小計II	
母語話者		1 (4.6)	2 (9.1)	0 (0.0)	**3 (13.7)**	18 (81.7)	1 (4.6)	**19 (86.4)**	22 (100)
実験群1 気づきのみ	直後	1 (4.0)	11 (44.0)	4 (16.0)	**16 (64.0)**	8 (32.0)	1 (4.0)	**9 (36.0)**	25 (100)
	遅延	3 (13.6)	2 (9.1)	6 (27.3)	**11 (50.0)**	10 (45.5)	1 (4.5)	**11 (50.0)**	22 (100)
実験群2 説明のみ	直後	2 (7.7)	0 (0.0)	5 (19.2)	**7 (26.9)**	18 (69.2)	1 (3.9)	**19 (73.1)**	26 (100)
	遅延	3 (16.7)	0 (0.0)	1 (5.6)	**4 (22.3)**	6 (33.3)	8 (44.4)	**14 (77.7)**	18 (100)
実験群3 結合	直後	1 (3.6)	5 (17.8)	1 (3.6)	**7 (25.0)**	20 (71.4)	1 (3.6)	**21 (75.0)**	28 (100)
	遅延	1 (4.6)	2 (9.0)	1 (4.6)	**4 (18.2)**	13 (59.1)	5 (22.7)	**18 (81.8)**	22 (100)
統制群		3 (6.8)	14 (31.8)	9 (20.5)	**26 (59.1)**	8 (18.2)	10 (22.7)	**18 (40.9)**	44 (100)

①全体移動　②主人公・一時的に移動　③中立・一時的に移動　④全体固定　⑤全体中立
（　）内の数値は、％

　また各実験群において、視座の一貫性は、指導後3か月経つとどのように変化するのか、その変化は日本語母語話者に近づいているのか、もしくは指導を受けていない統制群に近づいているのかを検討するために、それぞれの実験群における①直後テストの結果（直後）、②遅延テストの結果（遅延）、③日本語母語話者の結果（母語話者）、④統制群の結果（統制群）を比較し、図6-7、図6-8、図6-9で表した。

　実験群1（気づきのみ）では、タイプ⑤（全体中立）以外で、変化が見られた。具体的には、タイプ①（全体移動）、タイプ③（中立・一時的に移動）、タイプ④（全体固定）の割合が増加し、タイプ②（一時的移動）が減少した。タイプ②が減り、タイプ④が増えたという結果は、指導直後よりも日本語母語話者に近づいたことが言える。ここで注目すべきなのは、日本語母語話者の特徴である「文章全体に視座を一貫する」タイプ④が、直後テストよりその割合が高く、母語話者に近い点である（図6-7）。なぜこのように変わったのか、学習者の意識変化を調べるためにインタビューを行った。学習者の声は以下の通りである。

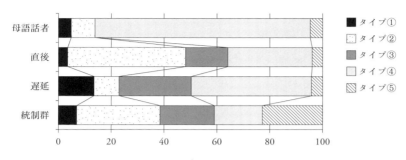

図6-7　実験群1の視座の一貫性の変化

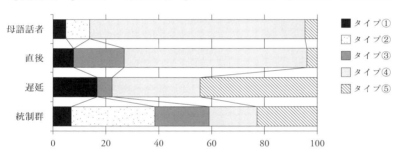

図6-8　実験群2の視座の一貫性の変化

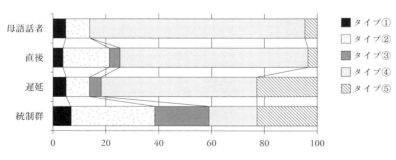

図6-9　実験群3の視座の一貫性の変化

「日本人は物語描写をするとき、話者がどこにいるか決めて、そのいる場所を一貫する習慣があると聞いたが、それが何のことかよくわからなかった。どうやって視座を一貫するかはっきりわからなかった。興味があるので授業の後、資料をちゃんと見て、表現の用い方をよく分析してみたら、少しわかるようになった」。つまり学習者は、その場では理解できなかったが、気づきの指導を受けたことにより興味を持ち、自分で学習し、視座を意識しながら文章が書けるようになったと考えられる。

実験群2（説明のみ）では、タイプ②以外は、各タイプに変化が見られた。特に目立つのが、直後テストで良い結果が得られた「タイプ④」（文章全体固定）とタイプ⑤（全体中立）の変化である。直後テストでは、母語話者に近い傾向が見られたが、遅延テストでは、その割合が統制群に近い傾向に変わってしまった（図6-8）。なぜこのような結果になってしまったのだろうか。学習者にインタビューしたところ、次のような答えが返ってきた。「日本語に視点かなんかあるが、具体的にどんなことかよく覚えていない」や、「視座を一貫させるつもりだったが、どうやって一貫するかよくわからなかったので適当に書いた」。つまり実験群2（説明のみ）は、漠然と視座の意識はあっても、指導の内容が定着しておらず、うまくアウトプットに結びつけることができなかったと考えられる。

実験群3（結合）では、タイプ⑤（全体中立）の割合が増え、タイプ④（全体固定）は、若干減ったが、全体的に直後テストや母語話者の結果とほぼ同じ傾向が見られた（図6-9）。「授受表現や受身表現が出そうな場合では、よく話者がどこにいるかということを考え、表現を選んだ」と学習者がインタビューで答えているように、気づきと説明の結合指導を受けた学習者は、視座の意識が定着し、それをアウトプットにもつなげようとしていたことがわかる。

(2) 視点表現の用い方の変化について

全対象者群の産出文章に見られる視点表現の用い方の変化は、表6-27と図6-10、図6-11、図6-12で示す。

表6-27 視点表現の用い方の変化

対象者群		受身	授受	使役	移動	主観	感情	Total
母語話者		9 (12.9)	33 (47.1)	0 (0.0)	10 (14.3)	5 (7.1)	13 (18.6)	70 (100)
実験群1	直後	18 (18.9)	32 (33.7)	1 (1.1)	13 (13.7)	11 (11.6)	20 (21.0)	95 (100)
	遅延	3 (5.3)	18 (31.6)	1 (1.7)	11 (19.3)	11 (19.3)	13 (22.8)	57 (100)
実験群2	直後	15 (13.8)	17 (15.6)	2 (1.8)	14 (12.8)	21 (19.3)	40 (36.6)	109 (100)
	遅延	2 (5.8)	6 (17.7)	0 (0.0)	6 (17.7)	10 (29.4)	10 (29.4)	34 (100)
実験群3	直後	32 (25.4)	29 (23.0)	3 (2.4)	14 (11.1)	18 (14.3)	30 (23.8)	126 (100)
	遅延	3 (4.8)	24 (38.7)	0 (0.0)	10 (16.1)	12 (19.4)	13 (21.0)	62 (100)
統制群		10 (7.0)	19 (13.3)	13 (9.0)	22 (15.4)	10 (7.0)	69 (48.3)	143 (100)

（　）内の数値は、％

　実験群1（気づきのみ）では、母語話者と統制群で大きく異なる結果となった「授受表現」「使役表現」「受身表現」「感情表現」の4つの視点表現を取り上げて検討した。

　まず授受表現は、直後テストと遅延テストともに、統制群に比べると高く、母語話者に近い傾向にあった。また直後テストと遅延テストであまり変化が見られなかったことから、授受表現は、気づきのみでも効果が持続すると言えるだろう。

　受身表現は、遅延テストの割合が5.3％で、直後テストの18.9％より大きく減り、統制群に近い結果となってしまった。このことから受身表現は、「気づきのみ」の指導では効果が持続しないと言えるだろう。

　統制群にしか見られない使役表現は、遅延テスト、直後テストともにわずかに見られたが、母語話者の傾向に近く、両者の割合もあまり変化がなかったことから、効果が持続したと考えられる。

　感情表現も、直後テストと遅延テストはほぼ同じ割合（21.0％と22.8％）で、母語話者の傾向に近く、効果が持続したと考えられる（図6-10）。

　実験群2（説明のみ）は、授受表現と感情表現ではあまり変化が見られなかったが、受身表現と主観表現で変化が見られた。具体的には、遅延テストのほうが直後テストより受身表現の割合が低く、主観表現の割合が高くなった。これは、母語話者とも統制群とも異なる傾向にある。

　受身表現の増加の理由として、実験群2の学習者へのインタビューから次のようなことがわかった。「登場人物の立場から語らなければなら

ず、「被害が起こる」場面ではその被害を受けた人物の立場から語ってしまったため、受身表現を使うようになってしまった」ということである。母語に似ており使いやすいから多く用いただけでなく、視点を意識したために「受身表現」の本用法である「被害・受益を表す」ために使ったと思われる。また、話者の視座を表すために、「主観表現」と「感情表現」を多く用いる傾向も見られた。

遅延テストの結果と前述したインタビューの結果（登場人物になって語ったので自分が登場人物であることを表すために主観表現、感情表現などを使った）から、〈説明のみ〉を受けた学習者には、視座と注視点の表し方だけでなく、視点表現の用い方についての意識も定着していないことが考えられる（図6-11）。

実験群3（結合）では、授受表現と受身表現に大きな変化が見られた。

授受表現は、直後テストより遅延テストのほうが増加し、受身表現は、直後テストより遅延テストのほうが減少した。遅延テストで授受表現が増えた理由は、学習者が話者のいる場所を表すために授受表現を使えそうな場面では使うようになったからであり、一方、受身表現の使用が過剰だった直後テストに比べて、遅延テストで少なくなったのは、資料の影響が薄くなってきたからだと考えられる。この結果、直後テストに比べて若干差は見られるものの、全体的に見ると、遅延テストのほうが母語話者に近い傾向となった。このことから、気づきと説明の両方を行った結合の指導は、指導直後以上に、時間が経ったほうがより効果が現れると言えよう。ただし、表現の用い方は、視座と注視点に比べてバラつきも見られた。これは、意識があればすぐに使いこなせるものではなく、うまく応用できるようになるまでは練習などをする必要もあることを示唆している（図6-12）。

6.4.3.2　注視点の表し方について
(1) 注視点の一貫性の変化

表6-28は、直後テストと遅延テストの産出における〈注視点の一貫性〉の傾向の比較を表すものである。

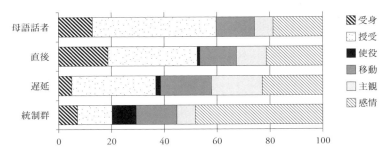

図6-10　実験群1の視点表現の使用変化

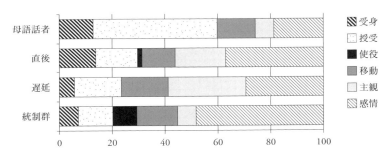

図6-11　実験群2の視点表現の使用変化

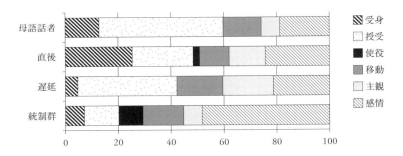

図6-12　実験群3の視点表現の使用変化

表6-28 注視点の一貫性の変化

対象者群		移動の傾向			固定の傾向		Total
		タイプ①	タイプ②	小計	タイプ③	小計	
母語話者		0 (0.0)	22 (100.0)	22 (100)	0 (0.0)	0 (0.0)	22 (100)
実験群1	直後	1 (4.0)	24 (96.0)	25 (100)	0 (0.0)	0 (0.0)	25 (100)
	遅延	1 (4.5)	21 (95.5)	22 (100)	0 (0.0)	0 (0.0)	22 (100)
実験群2	直後	20 (76.9)	6 (23.1)	26 (100)	0 (0.0)	0 (0.0)	26 (100)
	遅延	12 (66.7)	6 (33.3)	18 (100)	0 (0.0)	0 (0.0)	18 (100)
実験群3	直後	2 (7.1)	26 (92.9)	28 (100)	0 (0.0)	0 (0.0)	28 (100)
	遅延	4 (18.2)	18 (81.8)	22 (100)	0 (0.0)	0 (0.0)	22 (100)
統制群		35 (79.6)	9 (20.4)	44 (100)	0 (0.0)	0 (0.0)	44 (100)

①移動の傾向　②固定の傾向　③文章全体固定
（　）内の数値は、％

　各実験群の産出に見られる注視点の一貫性の変化は、図6-13、図6-14、図6-15で表す。

　図6-13〜図6-15を見ると、**実験群1**（気づきのみ）と**実験群3**（結合）がほぼ同じ形である。この2つの実験群は、直後テストと遅延テストともに、注視点の「固定の傾向」の割合が高く、「移動の傾向」の割合が低いという母語話者に似た傾向が見られた。このことから〈気づき〉は、指導の効果を維持していることが言えそうだが、〈気づき〉の指導を受けた学習者の遅延テスト後のインタビューからも次のことがわかった。「主語は、前文と後文の主語が同じであれば、初文だけに明示すればいい。他の文は省略してもいい」「同じ人物について語るのなら、できれば主語をいちいち変えないほうがいい」など、日本語母語話者とベトナム人学習者の文章の違いを分析したり、考えたりする過程を通じて、注視点の一貫性と明示・非明示の規則の意識が生じていることがわかる。

　一方、**実験群2**（説明のみ）では、直後テストと遅延テストともに、「移動の傾向」が高く、「固定の傾向」が低いという統制群に似た傾向が見られた。こうした産出の結果と、実験群2の学習者は、「主語を文に書いたほうがいい」とインタビューに答えたりしていることから、教師の明示的介入（説明）のみでは、注視点についての意識が生じにくいと言えそうだ。

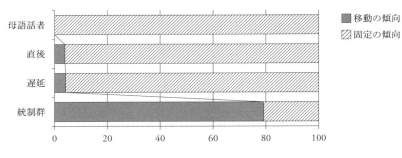

図6-13　実験群1の注視点の一貫性の変化

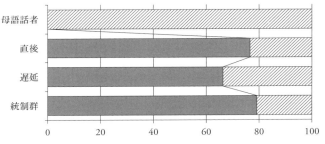

図6-14　実験群2の注視点の一貫性の変化

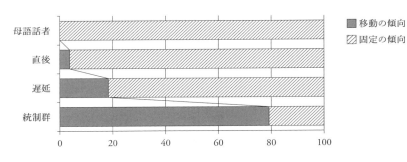

図6-15　実験群3の注視点の一貫性の変化

第6章 | 研究3：視点の指導法

(1) 注視点の明示性の変化

表6-29と図6-16〜図6-18は、注視点の明示性の変化を示す。

表6-29　注視点の明示性の変化

対象者群		移動の傾向			固定の傾向			Total
		明示	非明示	小計	明示	非明示	小計	
母語話者		0 (0.0)	0 (0.0)	**0 (0.0)**	0 (0.0)	22 (100.0)	**22 (100)**	22 (100)
実験群1	直後	1 (4.0)	0 (0.0)	**1 (4.0)**	5 (20.0)	19 (76.0)	**24 (96.0)**	25 (100)
	遅延	1 (4.6)	0 (0.0)	**1 (4.6)**	5 (22.7)	16 (72.7)	**21 (95.4)**	22 (100)
実験群2	直後	15 (65.4)	5 (11.5)	**20 (76.9)**	1 (3.9)	5 (19.2)	**6 (23.1)**	26 (100)
	遅延	11 (61.1)	0 (0.0)	**11 (61.1)**	1 (5.6)	6 (33.3)	**7 (38.9)**	18 (100)
実験群3	直後	2 (7.1)	0 (0.0)	**2 (7.1)**	4 (14.3)	22 (78.6)	**26 (92.9)**	28 (100)
	遅延	4 (18.2)	1 (4.6)	**5 (22.8)**	1 (4.5)	16 (72.7)	**17 (77.2)**	22 (100)
統制群		30 (68.2)	5 (11.4)	**35 (79.6)**	3 (6.8)	6 (13.6)	**9 (20.4)**	44 (100)

（　）内の数値は、％

実験群1（気づきのみ）は、直後テストと遅延テストの結果がほぼ同じである。特にタイプ①「移動・明示」の割合は、それぞれ4.0％と4.6％であり、79.5％の統制群に比べて大きく異なり、0.0％の日本語母語話者に近い傾向が観察された（図6-16）。統計の結果と前述した学習者のインタビューの答えから、注視点の意識は長期的に維持されていると考えられる。

実験群2（説明のみ）は、直後テストと遅延テストともにタイプ①（移動・明示）の割合が半分以上（65.4％と61.1％）を占め、79.5％の統制群に似た傾向、0.0％の日本語母語話者とは大きく異なる傾向が見られた。日本語母語話者の特徴である「固定・非明示」の割合は、直後テストも遅延テストも統制群に比べて高いが、日本語母語話者にないタイプ③（固定・明示）も見られた（図6-17）。実験群2の学習者が、「主語を文に明示したほうがわかりやすい」「どんなときに省略できるか、どんなときに省略できないかはっきりわからない」などとインタビューでも答えていることから、説明だけでは、日本語母語話者とベトナム人学習者の主語の用い方の違いなど、主語についての意識が生じにくいことがわかった。

実験群3（結合）は、直後テストと遅延テストともに日本語母語話者の

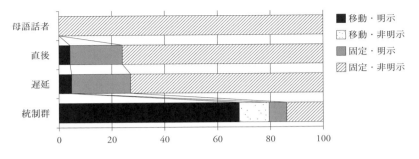

図6-16　実験群1の注視点の明示性の変化

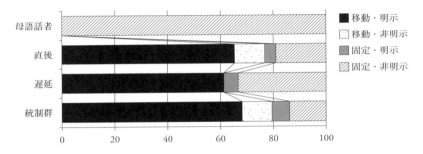

図6-17　実験群2の注視点の明示性の変化

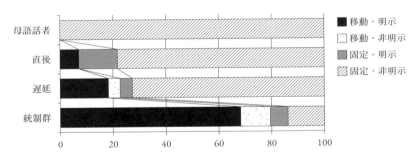

図6-18　実験群3の注視点の明示性の変化

特徴である「固定・非明示」の割合が高く（78.6%と72.7%）、統制群に最も多いタイプ①「移動・明示」の割合が低い。また、学習者へのインタビューでも、実験群1とほぼ同じ結果が得られた（図6-18）。このことから、気づきと説明の両方の指導を受けた学習者は、注視点の明示・非明示についての意識が、長期的に維持されることがわかった。

6.4.4　視点指導の効果③
　　　──記憶と意識の変化（フォローアップ・インタビューから）

　指導を受ける前と受けた後の意識変化を探るため、各実験群の対象者（3名ずつ）に遅延テスト後にインタビューをした。**実験群1**（気づきのみ）と**実験群3**（結合）は、視点表現の用い方と注視点の表し方が、日本語母語話者に近づいたことがわかったため、表現の用い方と主語の用い方についての意識を中心に聞いた。一方、**実験群2**（説明のみ）は、視座の表し方しか日本語母語話者に近づいたものはなかったため、視座の表し方についての知識を中心に聞くことにした。以下は、学習者に自分の書いた文章を読ませた後に聞いた質問（Q）の例である。

　　Q1：どこから描写したか覚えていますか。
　　Q2：どうしてここに本動詞ではなく授受表現／受身表現を使ったのですか。
　　　　どうしてここに主観表現／感情表現を使ったのですか。
　　Q3：視点の授業についてどんなことを覚えていますか。

　フォローアップ・インタビューの結果を表6-30にまとめた。

表6-30　フォローアップ・インタビューの主な結果

対象者群	視座についての記憶	注視点についての記憶	その他
実験群1（気づきのみ）	・同じ場所で描いたほうがいいことを覚えている ・視座を一貫させるために移動表現・授受表現・主観表現などが使えることを覚えている	・主語をいちいち変えないほうがいいことを覚えている ・同じ主語の場面を複文で書いたほうが読みやすいことを覚えている ・主語が同じ場合、全て明示しなくてもいいことを覚えている	・指導の内容について興味があるので授業の後も自分で資料を見る ・学習者自身で産出文章における視点表現と主語の誤用が視座の一貫性から考えて修正できる
実験群2（説明のみ）	記憶に残っていないこと ・日本語に視点という概念があることは覚えているが、視点とは何かは、覚えていない ・視座をどうやって一貫させるか、を覚えていない		・難しいから、覚えられない ・資料を見た場合でも、難しくてわからない ・文章作成の際に視点のことを思い出せない ・漫画の内容を自分の理解した通りに書く
実験群3（結合）	・描写の際に話者のいる場所を決める必要があることを覚えている ・同じ場所で語るのは日本語の特徴であることを覚えている ・授受表現・移動授受表現などで話者の気持ちを表すことを覚えている	記憶に残っていること ・主語の一貫性を覚えている	・視座を一貫させるつもりだったが、表現の誤用で移動してしまった ・興味があるから、資料を見る ・物語描写文章だけではくメールなど他の種類の文章を書くときも視点の制約を考慮して書くことが必要だと意識する

　実験群1（気づきのみ）では、うまく産出ができていた学習者[19]は「同じ場所で描いたほうがいい」「視座を一貫させるために移動表現・授受表現・主観表現などが使える」「主語をいちいち変えないほうがいい。同じ主語の場面を複文で書いたほうが読みやすい」などと答えた。また視点の説明を行わなかったにもかかわらず、なぜ視点について知っていたかについては、「なんか、興味があって、もっと知りたいので、授業の後に資料をよく見た。何回も見た」とのことだった。直後テストのみが日本語母語話者に近い学習者[20]も、視座については「話者が同じ場所で語ったほうがいいと思う」との答えだった。また遅延テストの新登場人物場面で、授受表現の〈〜てあげる〉と〈〜てくれる〉の分析を間違えたことを学習者自身が気づき、「あっ、間違えた。ここは〈〜てあげる〉じゃ

なくて〈~てくれる〉を使うべきだ」と答えていた。学習者は、視座を移動させるつもりはなくても、視点表現の誤用で視座が移動してしまったケースもあったようだ。直後テストも遅延テストも視座の表し方が日本語母語話者と異なっている学習者は、視座の表し方について「同じ場所から書いたほうがいいことは覚えている」と答えたが、「どうやってそう表すか」については覚えていないとのことだった。主語の用い方については、3名とも「主語が同じ場合は、いちいち明示しないほうがいい」と答えた。以上のインタビュー結果から、〈気づきのみ〉の実験群は、視座の表し方ができなくても〈話者のいる場所〉が学習者の記憶に残っていると考えられる。また、学習者の声から、視点表現の用い方をきちんと指導することで、視座を意識に残すだけでなく文章表現に表すことも可能になると言えよう。

実験群2（説明のみ）では、①良い文章を書いた学習者、②直後テストより遅延テストであまり良くない文章を書いた学習者、③直後テストも遅延テストも日本語母語話者と異なる文章を書いた学習者を選び、インタビューした。3名とも「視点があることは覚えているが、はっきりと覚えていない」と答えた。また、「資料を指導後に見たか」という質問に対して、良い文章を書いた学習者は、指導後に「説明の資料を見た」と答えた。その他の学習者は「難しくて、見なかった」、「書いたときに何も視点のことを思い出せなくて、漫画の内容を自分の理解した通りに書いた」と答えた。どうやって視点を表すかは全然覚えていないとも答えた。インタビューの結果から、〈説明のみ〉群は、視点という指導があったことを覚えてはいるが、ほとんど説明の内容は記憶残っていないことが明らかになった。〈説明のみ〉群は、〈気づきのみ〉群とは異なり、視座と注視点の概念とその手がかりである主語の一貫性や表現の用い方なども記憶から消えていた。

実験群3（結合）では、3名とも〈話者のいる場所〉、〈主語の一貫性〉、〈授受表現・移動授受表現などで話者の気持ちを表す〉、〈日本人は物語を語るときに同じ場所で語る〉などを覚えていることが確認できた。移動視座で遅延テストの文章を描いた学習者も、「視座を一貫するつもりだったが、間違えた」と答えた。資料を指導後に見たかどうかについては、「興味があったから、授業の後に見た」「メールとか普通の文章を書くと

きにも重要だと思うから資料をよく見た」という答えも出た。このことから、〈結合〉群は、〈説明のみ〉群よりも〈視点の記憶〉が残っていることがわかった。

　以上の結果から、次のことが明らかになった。
〈気づき〉ありの学習者は、指導後時間が経っても、視点の意識が記憶として残り、指導の効果が見られた。また、よく理解できなかったところは、もう一度資料を見て、自分なりに理解しようと努力するなど、学習者の関心も高まっていた。一方、教師の明示的な〈説明〉のみの学習者は、視点の意識はその場だけのもので、時間が経てば忘れてしまっていた。つまり視点意識を長期記憶として残すためには、学習者自身が気づくという段階を通る必要があると思われる。

6.5 考察

6.5.1 気づきの促進方法と〈気づき〉可能な内容との関係

　本実験の結果から、学習者が視点に気づいた内容を指導の目標である視座・注視点ごとにまとめると以下のようになる。

(1) 視座の一貫性について
　学習者1人とグループディスカッションでは、話者の事態を捉える場所〈視座〉とその視座の表し方の違いに気づくことができなかったが、教師による非明示的介入では、気づいた。つまり、学習者だけでは、視座に気づくのが不可能であると考えられる。

(2) 視点表現の用い方について
　学習者1人とグループディスカッションでは、視座を判定する手がかりとしての視点表現の用い方の違いにだけ気づいた。教師による非明示的介入（質問）では、その違いの理由も気づいた。つまり学習者だけでは、形式的なものには気づくことができても、意味的なものには気づくことができないと考えられる。

(3) 注視点の一貫性と明示性について

　学習者1人とグループディスカッションでは、話者の注目対象としての注視点の表し方の違い（主語省略の有無）のみ気づいたが、教師による非明示的介入では、その違いの意味・理由にも気づいた。つまり学習者だけでは、注視点における表面的なものには気づくことができても、言語形式の違いの意味・理由のような表面的でないものには気づくことができないと考えられる。

　本調査で学習者1人とグループディスカッションで気づいた〈主語の明示・非明示〉の違いと〈視点表現の用い方〉の違いは、いずれも文の構成要素（文法的・語彙的項目）として文中に明示化できるものであるため、視覚的に認知しやすいものである。一方、1人・グループディスカッションでは気づかなかった〈視座〉と〈表現の用い方の違いの理由〉、〈主語の用い方の違いの理由〉などは、文の構成要素でもなく、文中に明示すべき項目ではないため、視覚的に認知しにくいものである。

　また、主語と視点表現などの文法的・語彙的項目は、日本語学習の初級の段階から指導されているため、学習者にとっては既知のものである。それに対し、〈視座〉と〈視点表現の用い方の違いの理由〉などは、教室で学習することもなく、学習者の母語（ベトナム語）にもないため、学習者にとって未知のものだと思われる。本調査の結果、既知のものは、学習者自身の力で気づくことができ、産出もできた一方、未知のものは、教師の非明示的介入で気づくことはできても、指導直後の産出はできなかったことが明らかになった。このことから、他者の力で気づいたものは、産出に結びつけるのが難しいのではないかと思われる。

　以上の結果から、〈気づき〉の促進方法と学習者の気づいた内容との関係は、図6-3で示す。

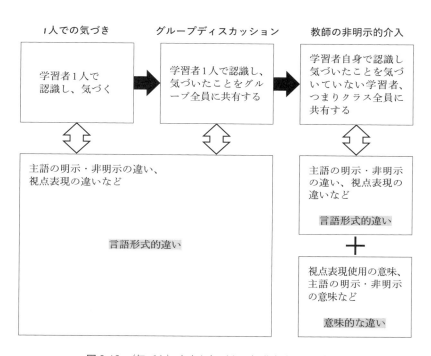

図6-19 〈気づき〉内容と気づきの促進方法との関係図

6.5.2 視点の産出及び意識変化への〈気づき〉の効果
―― 〈説明〉の効果との違いから

中上級ベトナム人日本語学習者を対象に〈気づきのみ〉、〈説明のみ〉、〈結合〉の指導実験を行った結果、以下のようなことが明らかになった。

表6-31　実験群別の指導効果

対象者		直後産出		
		視座	注視点	視点表現
実験群1 （気づきのみ）	直後産出	×	◎	○
	遅延産出	△	○	○
	記憶[21]	△	○	○
実験群2 （説明のみ）	直後産出	△	×	×
	遅延産出	△	×	×
	記憶	△	×	×
実験群3 （結合）	直後産出	○	◎	◎
	遅延産出	○	○	○
	記憶	○	○	○

◎○ 効果がある／○より◎のほうが効果が大きい　△ ある程度効果がある　× 効果がない

〈説明〉とは、先行研究でも行われている教師の明示的説明を取り入れた指導法である。視点についての重要な内容（視座の一貫性及び視点表現の用い方、注視点の一貫性及び明示・非明示の傾向）が書かれている資料を学習者に配布し、資料の内容及び例文を一緒に見ながら説明を行った。指導後の直後テストと遅延テストから以下のことがわかった。

〈説明のみ〉を受けた学習者は、直後テストで、話者が一貫した視座で語る文章は、〈気づきのみ〉群より多かったが、その多くは、一人称で書かれたものであった。〈日本人は、物語描写の文章を書くときに、視点を一貫する傾向がある〉、〈話者の立場は、最初から最後まで変わらない〉という特徴を聞いた学習者は、自分自身を〈話者〉の立場に置かなければならないと思い、一人称で語ったものと思われる。本調査の結果は、魏（2010a, b; 2012）による調査の結果と一致している。魏が〈登場人物になったつもりで書く〉という指示で書かせたところ、中国語母語話者学習者は、〈私〉で語っていた。このことから、中国語、ベトナム語など、

〈主観的事態把握〉をしない言語母語話者に視点を指導する場合、必ず一人称にするのではなく、〈登場人物と同じ体験をしながら語るように〉という視座の表し方の特徴を提供する必要があると考えられる。従来の明示的な説明では、この日本語の特徴をきちんと学習者に伝えることは難しいことがわかった。また、一人称を使うことで視座を一貫させた文章は、遅延テストではほとんど見られなかったことから、教師の説明だけでは、時間とともに、視座の意識は消えてしまうと思われる。

　〈気づきのみ〉では、学習者自身が気づいた〈注視点〉と〈視点表現〉は産出できたが、教師の非明示的介入により気づくことができた〈視座〉は産出できなかった。学習者自身が気づくことができた〈注視点〉と〈視点表現〉は、既知のものであり、教師の説明がなくても、過去の経験から自分なりに理解することができ、それが産出にもつながったと考えられる。しかし学習者自身で気づくことができなかった〈視座〉は、視覚的にも認知が難しく、学習者にとっても未知なものであるため、教師の非明示的介入で初めて気づいたと思われる。そのため過去の経験をもとに自ら理解することは難しく、明示的な説明が必要になる。〈結合〉は、学習者自身が気づくことができなかった〈視座〉も、教師の非明示的介入により注目を向けさせた後、それについて説明することで理解を促している。その結果、直後テストで最も日本語母語話者に近い視点の表し方ができたと思われる。

　〈気づき〉は、学習者の記憶や興味・関心にも関係することがわかった。第二言語習得の第一段階である〈気づき〉を行った実験群の遅延テストの結果は、直後テストの結果とほぼ同じだったことから、学習者の意識は維持されていることがわかる。また〈気づき〉のみの実験群で、視座が、直後テストより遅延テストのほうが良かったのは、自らの調べが理解につながったのだろう。

　一方、〈説明〉だけでも、視座の一貫性がある文章の産出はある程度可能である。しかし、〈気づき〉の段階による記憶保持ができていないため、遅延テストでは、視点問題に対する意識が消えてしまっていた。〈気づき〉の段階を踏まないで、第二言語習得のプロセスの第2段階である〈理解〉へと進むと、意識が定着しないことがわかる。

　図6-20は、指導の各段階における効果を表すものである。

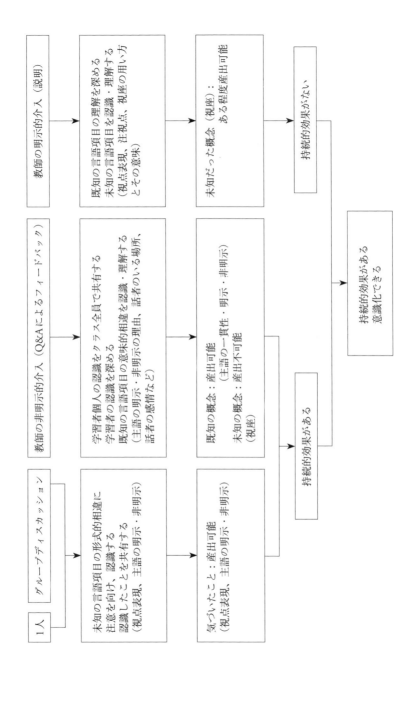

図6-20 視点の指導効果——気づき重視の指導法の効果

6.6 まとめ

　本研究では、視点の問題を抱えている中上級ベトナム人日本語学習者を対象に視点指導の実験を行った。実験は、学習者のインプットを促進する〈気づき〉、先行研究で行った明示的〈説明〉、〈気づき〉と〈説明〉の結合という3つの指導方法で行った。気づきでは、Schmidt (1990) の捉え方〈知覚・認知〉→〈気づき〉→〈理解〉の3つのレベルで促進するために、〈1人での気づき〉→〈グループディスカッション〉→〈教師による介入〉の3つの段階を取り入れた。その結果、〈気づきのみ〉の実験群においては、視点表現と注視点について効果が見られ、この効果が持続されることが確認できた。一方、〈説明のみ〉の実験群においては、直後テストで視座のみに効果はあったが、この効果は持続されないことが明らかになった。また、それぞれの実験群の学習者にインタビューを行った結果、〈気づき〉ありの実験群では、視点についての意識が学習者の記憶にも残り、指導を受けることによって興味を持つようになることがわかった。しかし気づきなしの実験群では、視点についての記憶も残らず、視点についてもほとんど興味を持っていないこともわかった。これらの結果から、視点の指導において、〈説明〉よりも〈気づき〉のほうが重要であることが示唆された。また、理解にまでつながる〈気づき〉を引き起こすためには、学習者自身の考えだけではなく、他者の刺激である教師のフィードバック（介入）も必要であることがわかった。産出の面で、学習者の意識変化で最も効果があった〈気づき＋説明〉の〈結合〉群の結果から、視点の指導においては、学習者自身の気づきと理解ができた後に、教師の説明によりその理解を深化させると、産出にも長期記憶にも結びつき、より効果があることが示唆された。

注 [1]　「明示的演繹的指導法」は、初めに文法説明をする指導法を指す。指導の中のメタ言語説明だけを指す場合の「文法説明」を区別するための用語である（向山 2004: 130 参考）。

[2]　「インプット洪水」とは、目標言語項目が大量に含まれた文章を学習者が読んだり聞いたりすることで、目標言語項目に気づかせ、その項目を習得させようとするものである（JACET SLA 研究会 2013: 40）。

[3]　「インプット強化」は、注目を向けさせた言語形式を教材の中で下線を引くなど視覚的に目立たせたりする方法である。

[4]　「明示的修正」は、「正用を提示されているということが学習者に明らかに伝わるようなフィードバック」（大関 2015: 43）である。明示的修正には学習者の発話に対する否定があり、続いて学習者が意図した内容の言語的に新しい表現の指示がある（p.43）。
　　例：S: I go to the movie yesterday.
　　　　T: No, you should say "I went to the movie yesterday."
　　　　　　　　　　　　　　　　　　　　　　　　←明示的修正

[5]　「明確化要求」は、「"I don't understand" という言明や、"Pardon?"、"What did you say?" という問いかけ、または、"Say it again, please" のような依頼の形式」（大関 2015: 44）のフィードバックである。

[6]　「ディクトグロス」（dictogloss）とは、一定量のインプットを何回か聞き、その内容をメモし、その後、ペアなどでもとのインプットの内容を再現するタスクのことを言う。①教師が短文を2〜3回読み、②学習者はそれを聞いてキーワードを書き取り、③書き取ったキーワードをもとにペアで聞いた文章を構築し、④できあがった文章ともとの文章を読み比べ、どこに差があるかを見つける、の手順で実施される（JACET SLA 研究会 2013: 74）。

[7]　「リキャスト」（recast）は、「学習者の発話にある誤りを、対話者（教師や NS）が、発話のもとの意味は変えず、また会話の流れを途切れさせずに与えるフィードバックを言う」（名部井 2005: 11）。

[8]　「メタ言語的修正」は、「正用は指示しないが文法や語法に関する用語や概念などを用いたコメントや質問で、学習者の発話にエラーがあることを示唆するフィードバックを指す」（大関 2015: 44）。

[9]　実際に学習者がベトナム語でうまく表現できないこともあるため、日本語と混ざった場合が多い。

[10]　話者の視座の表し方に関わる理由のみを分析の対象とした。

[11]　質問1は、個人の意識を知るためのものなので、グループディスカッションの分析の対象から除外した。

[12]　ディスカッションのグループ数は少ないため、比率の計算を行わなかった。

[13]	データの記号：〈G1-9〉実験群1の9番の文章。
[14]	データの記号：〈G1-2〉実験群1の2番の文章。
[15]	データの記号：〈G2-9〉実験群2の9番の文章。
[16]	データの記号：〈G3-2〉実験群3の2番の文章。
[17]	データの記号：〈G1-22〉実験群1の22番の文章。
[18]	〈…〉内は、非明示された主語。
[19]	直後テストの文章も遅延テストの文章も日本語母語話者の文章に近い（視座：タイプ④、注視点：タイプ④、視点表現を使うべき場面に視点表現を用いた文章）。
[20]	直後テスト：視座：タイプ④、注視点：タイプ④、適切な視点表現を用いた 遅延テスト：視座：タイプ②、注視点：タイプ④、不適切な視点表現あり
[21]	ここで扱う記憶とは、指導の内容（視点という概念、視点表現と視座と視座との関係、主語の一貫性など）について覚えているかどうか、を言う。インタビュー中に学習者が自分で言い出したり、聞かれて思い出したりしたことの中で、正しい情報を〈○〉、聞かれて思い出したが正しくない情報を〈△〉、全く思い出さない情報を〈×〉と付けた。

第7章 総合的考察

　本書は、ベトナム人日本語学習者の視点習得の実態を把握することと、視点の問題に対する効果的な指導法を探ることを目的とした。そのため、①ベトナム語と日本語の事態把握及び視点の比較、②ベトナム人学習者の中間言語の産出文章に見られる視点の表し方の特徴の探求、③視点の指導の実験、という3つの研究を行った。本章は、この3つの研究の結果を踏まえ、総合的考察を行う。

7.1 認知言語学の枠組みからの考察

　日本語母語話者の〈事態把握〉の特徴の1つとして、〈主体化〉・〈主観性〉が挙げられる。認知言語学で言う主体化とは、Langacker（1990）が提唱した枠組みで、「ある関係（概念）の客体軸から主体軸への再編成と特徴づけることができる」（王安2014: 182）。主観的把握をする言語話者は、事態の中に自らの身を置き、その事態の関与者として体験的に事態把握をする傾向がある。この〈主観性〉は、認知的なものであり、人称、指示語、省略（ゼロ化）、時制表現など様々な表現で見られ、話者の志向や主張、判断などモダリティなどにより表す言語学レベルの〈主観性〉とは異なる。本書は、〈主観性〉を表す全ての表現を検討するのではなく、話者の視座を表す視点表現の使用と主語の明示性を中心に学習者の中間言語と目標言語のズレを検討してきた。

　研究2で明らかにしたように、ベトナム人学習者の産出文章には、主観表現（〜と思う、考えるなど）と感情表現を多用する傾向がある。特に、〈A君はうれしい／恥ずかしい／後悔する／…〉のような日本語母語話者の文章にあまり見られない感情表現が、人称の制限に関係なく、上位

群学習者の文章でさえ頻繁に産出されていた。主観表現や感情表現の〈人称の制約〉違反は検討せずに、表現産出の目的だけを検討すると、学習者の日本語に見られる〈主観性〉は、全て言語学レベルのものだと考えられる（図7-1）。

また研究1の分析データ（小説）で、「学校から出てきた」「炊いてくれた」などの日本語表現をベトナム語では「学校から外に出た」「炊いた」など本動詞で訳していた。研究2の分析データ（物語描写の産出文章）でも、ほとんどの日本語母語話者が、授受補助動詞（〜てもらう／〜てくれる）や移動補助動詞（〜ていく／〜てくる）を用いる場面で、ベトナム人学習者は本動詞を用い、授受補助動詞や移動補助動詞をあまり産出していなかった。このことから、日本語母語話者が授受表現や移動表現などの使用で表している認知面の〈主観性〉が、ベトナム人学習者の産出日本語にないことが示唆された。

受身表現は、ベトナム語にも日本語にもある言語形式である。そのため学習者の産出の頻度を見る限りでは問題がないように思われた。しかし本書の調査結果から、受身表現が産出されても、日本語話者作者と訳文の視座が異なっている（研究1）、一人称で語った学習者の文章は、日本語母語話者より受身表現を多用している（研究3）など、日本語の特徴と思われる視点の制約における問題が見られた。

研究3で、視点の特徴だけを聞いた説明指導のみの実験群の多くは、一人称で書いたり、主観表現を多く用いたりすることで〈話者の主観性〉を表すことはできたが、目に見えない〈主観性〉まで理解することはできなかった。しかし日本語母語話者の文章と比較することで、主観性における両者のギャップを認識させ、理解させたところ、学習者の産出文章に、目では見えない〈認知的主観性〉が見られた。このことから、客観的把握をする言語を母語とする学習者には、言語学レベルの〈主観性〉と認知レベルの〈主観性〉の区別を認識させることが必要だと言えよう。そうすることで認知レベルの〈主観性〉を意識させることができると考えられる。

そもそも事態把握の傾向が違うベトナム人学習者に、日本人と同じ事態把握をするように求めることは不可能である。しかし中上級以上の学習者が表層的構造より上のレベルに達成するためには、日本人の好まれ

る〈言い回し〉としての〈主観性〉(＝認知面の主観性の傾向)を与える必要があるのではないだろうか。

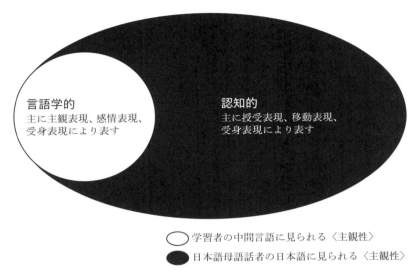

図7-1　学習者の中間言語と目標言語に見られる〈主観性〉

7.2　第二言語習得の観点からの考察

　認知言語学の基礎的な研究でも、第二言語習得や日本語教育の実証的な研究でも、日本語母語話者は視座を一貫して描写する傾向があると言われている。また日本人と中国語・韓国語・英語などを母語とする日本語学習者の視点の表し方を文章と口頭の両方の側面から検証した先行研究では、多くの日本語学習者は、日本語の熟達度に関係なく視点の表し方に問題が存在していると報告している。そして、この視点の表し方の問題は、学習者の産出日本語の不自然さに関連しているため、学習者に視点の問題を指導すべきであると指摘している。しかし、従来の日本語教科書や教材、解説書などは、日本語の事態把握・視点への考慮が十分でなく、日本語において好まれる事態把握の仕方を学習者に与えていな

い。また、指導現場につながる視点の指導法もほとんど研究されていないのが現状である。

横田（2008）は、初級教科書で使用されているイラストの分析を行ったうえで、学習者がより日本語らしい表現を学ぶために、日本語の視点である「虫の視点」「蛇の視点」[1]で統一されたイラストを初級教材の中で使うべきであると述べているが、イラストを使用することで、学習者の視点の表し方の問題がどのように改善されるかは検討していない。魏（2012）は、「日本語学習者に視点が一貫している談話を産出させるためには、日本語の談話に関する視点の概念を明示的に教える必要性がある」としている。「視点の概念を明示的に教える」という指導法は、渡辺（2012）で実施され、一定の効果があるという結果は出たが、その効果が持続するかどうかは不明であった。しかし本書の研究3で、視点の概念を明示的に教え、理解させる実験を行った結果、遅延産出はおろか直後産出もあまりできないことがわかった。すなわち、学習者が産出の際に理解した視点の概念が、モニター機能としてあまり働いていなかったわけである。換言すれば、視点という概念に対しては、〈明示的説明〉という指導法はあまり効果がないことが言える。一方、学習者の〈気づき〉の段階がある指導法は、指導の持続的効果が測定されたことから、視点問題の指導に関して以下のようなことを提言したい。

7.2.1 視点の指導に当てはまる理論

本研究は、N. Ellis（1994）、Gass（1997）、村野井（2006）が提案した認知プロセスの理論に基づき指導の実験を行った。認知的第二言語習得では、インプットの気づき、理解、内在化、統合の認知プロセスが連続することにより、アウトプットが可能になるという情報処理型のモデルが主に使われている（村野井2006）。本書の研究3で、このモデルの初段階である〈学習者の気づき〉と〈教師の明示的説明〉によるインプットを行い、学習者のアウトプット（産出）の力を検討したうえで、それぞれの指導法を受けた学習者は、上述の認知プロセスのどの段階までできたか、それぞれの指導法の効果を考察した。

学習者自身が気づいたものは、学習者にとって理解可能なもの（主語と視点表現）であり、指導直後に産出ができた。一方、学習者が気づかなか

ったもの（視座）はアウトプットもできなかった。これは、Schmidtが述べた「指導を受けてもインプットの中で気づかないのは、アウトプットの中で使うことはない」ことに一致している。

また、教師の非明示的介入により気づくことができたものは、明示的に説明を加えることで、指導直後に産出ができ、学習者の記憶にも残った。しかし教師が明示的説明をするだけでは、視点表現や主語の適切な産出も難しく、学習者の記憶にも残らなかった。〈説明〉が、学習者に視点の概念を理解させることができても、その理解が産出に結びつかなかったり、記憶として残らなかったりしたのは、第二言語習得に使われている情報処理のモデルから見ると、最初の〈気づき〉の段階が抜けているため、〈理解〉の次の段階であるインテイク（内在化）・統合へとつながらなかったからだと思われる。

今回の研究で、視点の指導には、認知プロセスの初段階である〈気づき〉の段階から行うべきであることが示唆された。第二言語習得における認知プロセスが、視点の指導に当てはまる理論であるという本書の結果から、今後の視点の指導において、この理論に基づいて進めると効果があると言えよう。

7.2.2　教室における視点指導のあり方

先述したように、視点は言語学の言語形式の1つではなく、認知言語学の概念の1つである。そのため、視点指導の授業と文法・語彙が中心となった授業とでは、指導の内容が異なるため、文法・語彙だけの説明では学習者に十分に視点を指導することができないと考えられる。本節は、視点の指導授業において①何を指導すべきか、②指導教室の関与者（学習者と教師）がどのような姿勢を取るべきか、③どのように進めるべきか、の3点について考察を行う。

(1) 視点の指導教室において何を指導すべきか（指導の内容）

視点の概念における視座の一貫性の問題点は、学習者の母語にないために意識がないこと、日本語の教室で指導されていないことに起因しているとこれまでの研究で明らかになった。しかし視点を学習者に指導しようとしても、何を指導すべきなのかは、ほとんど先行研究では言及さ

れていない。また、視点習得の問題を調べた研究の多くは、視座と視点表現を中心に検討したものであり、〈注視点〉（主語）について検討するものは少ない。本書の研究1、研究2、研究3で指摘したように、ベトナム人学習者と日本語母語話者の文章で目立つ違いの1つが〈主語の明示性〉である。そのため、視点を指導する際には、指導の内容として〈視座の一貫性〉と〈視点表現の用い方〉とともに〈注視点〉を入れて指導すべきであろう。

　第6章（研究3）でも述べたように、視点の指導法に関しての研究は、渡辺（2012）が行った〈明示的説明〉の他にない。渡辺（2012）で検討されなかった〈明示的説明〉の効果の持続性は、渡辺（2012）とほぼ同じような方法で実験した研究3の結果から、教師による明示的説明では効果が持続しないことが確認できた。

　第二言語習得における実証研究の中で、〈明示的指導〉の効果を述べているものは少なくはない（Norris & Ortega 2000, Moroishi 2003, 向山 2004, 宇佐美 2013 など）。これらの指導法は、主に明示的な文法説明を示す。視点というものは、言語学での言語形式の1つではなく、〈話者のいる場所〉や〈話者の見る対象〉などの事態把握に関する抽象的な概念であるため、学習者にとって理解しがたく産出しにくいものだと思われる。そのため明示的に説明するという指導法では、学習者は教室の場で視点という概念は理解できたとしても、その理解は、産出につながらない可能性があることが、本書の研究3から推測される。また、日本語の視点の概念を説明するだけでは、指導された視点の意識が消えていくこともフォローアップ・インタビューで確認された。

　一方、中間言語と目標言語における視点の表し方の違いを学習者に与え、それに注意を向けさせる〈気づき〉を行うと、学習者が気づいた違いはほとんど産出に反映され、そして長期的記憶にも残った。学習者は、自分たちの産出表現が、日本語母語話者に比べてどのように異なっているかに関心を持っているようである。視点指導の際には、その違いに注意を向けさせ、気づかせることが重要で、これは学習者の関心を引き起こす効果があり、学習者の産出や意識変化にもつながるのではないかと考えられる。

（2）視点の指導教室では関与者がどのような姿勢を取るべきか
　　（学生と教師の役割）

　本書では、学習者が受身的な教室（説明のみ群）と能動的な教室（気づきのみ群、結合群＝気づきあり群）の両スタイルで実験した。その結果、受身的なスタイルの〈説明のみ〉群は、能動的なスタイルの〈気づきあり〉群より、視点についての記憶が薄かった。特に〈気づきあり〉の学習者の中には、十分に産出はできていないが、授業で触れた内容についてはよく覚えている例も多く見られた。これは、学習者1人、グループディスカッション、教師の非明示的介入というそれぞれの段階で気づくことにより、視点の問題が意識できたからではないかと考えられる。つまり視点の指導では、最初に、能動的な学習者主体型の授業スタイルで行うことが望ましい。この学習者主体型では、教師は明示的に説明をするのではなく、学習者の学習能力を引き出すための補助者として関与すべきであろう。そして補助者としての教師は、学習者の気づきを敏感に受け止めると同時に、何に気づき、何に気づいていないかを見極めなければならない。学習者自身で気づけなかったものは、教師自身が介入しフィードバックを行う。教師の支援で、学習者は自ら気づかなかったものにも気づくことができる。この気づき指導の次にくるのが、教師による明示的説明である。これは、学習者の気づきを理解へとつなげる大切な役割を果たす。渡辺（2012）は、学習者が産出する前に、視点の表し方（主語の用い方や視点表現の用い方など）を説明すれば、学習者は視点の表し方がわかると指摘しているが、説明指導の前に学習者主体の気づき指導を行わなければ効果はないと考えられる。

7.2.3　視点の効果的な指導法のモデル

　視点の指導において、学習させたい内容を学習者自身に気づかせることが視点の意識化に効果があることは確認できた。〈気づき重視〉指導法の教室では、学習者が受身的に学習するのはなく、能動的に授業に参加し、提供された課題を学習者自身で考えたり分析したりしなければならない。教師は、学習者の気づきの補助者として、適切な課題作成をしたり、学習者の考えを促進するための進め方を考えたりする準備が必要である。また学習者は、視点について言語形式的なものにしか気づくこ

とができないため、視座のような意味的なものを気づかせるためのフィードバックの方法も考えておかなければならないだろう。

　学習者主体型ではあるが、教師は、授業を全て学習者に任せるのではなく、学習者の言動に気を配らなければならない。学習者には、まず自分1人の力で言語形式の違いなど、具体的に目で見てわかることに気づかせる。次にグループで、そして最後に全員で言語形式の情報を共有する。この時、教師は、学習者が何に気づき、何に気づかなかったかを見極める。そして学習者自身が気づくことができない意味的な違いなど、抽象的なものを教師がフィードバックで介入することにより導き出す。こうした教師の非明示的介入は、学習者の気づきをより促進したり、気づきの内容を深めたりすることができる。さらに、本研究の結果から、視点の問題の中に学習者が気づいても産出できないものがあり（視座）、このようなものは、教師の明示的説明があると産出できるようになることがわかった。教師の明示的な説明も視点の指導には必要不可欠だと考えられる。そこで気づきの指導が終わった後に、教師は、学習者の気づきをもとに明示的説明を行う。

　具体的に教師がどのようなことを行うべきか、その仕方でどのような効果があるかは、以下の指導法モデルの図7-2で示す。

〈図7-2の説明〉
　モデルの最初は、学習者に気づかせる段階である。1人で考えさせてからグループディスカッションを行うと、学習者1人では気づかなかった視点表現や主語の言語形式的な相違を共有することができる。この言語形式的な相違をクラスの全員に共有させ、教師が非明示的介入をすることによって言語形式的相違の理由や意味的な相違を学習者に認識させることができる。非明示的介入を行った後に、教師の明示的説明を行う。明示的説明は、学習者が既に知っている既知言語形式[2]の相違やその意味をより深く学習者に理解させるための段階である。説明をすることにより、学習者が知らない未知のこと（主語の一貫性・明示性や視座の概念など）への認識と理解を深めることもできる。

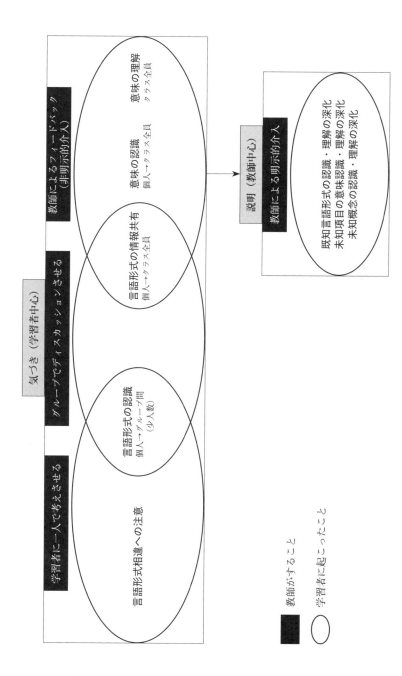

図7-2 視点の意識化を促進するため効果的指導法——気づきを重視する〈学習者主体〉モデル

第7章 総合的考察

注 [1] 英語を代表とする「スル言語」は「神の視点」であると言われ、主語のない「ナル言語」とする日本語は「虫の視点」であると主張されている（金谷2002, 2004）。金谷による「神の視点」と「虫の視点」は森田（1998）の「日本人の発想　日本語の表現」において語られた「鳥の視点」（英語）と「蛇の視点」（日本語）からの応用・言い直しである（川崎2010）。金谷の「神の視点」とは、森田による「高みから客観的に眺める鳥の視点」をさらに進めたもので、移動する鳥よりも、不動のままで全てを見渡すことができる。英語の世界観とはそのようなもので、それゆえ人称代名詞が成立し、「私－I」はHeやShe、そしてTheyに言い換えられる。また「神の視点」は不動であるから過去・現在・未来という確固たる時制も成立する。一方、日本語の世界観は、地表を動き回る「虫の視点」と同じで、行為者としての自分が見えないため、主語、人称代名詞が成立せず、時空間に関しても相対的だということである。

[2] 言語教育では、既習（既に学習した）と未習（学習していない）という言葉がよく用いられる。本書は、学習者が既に知っていることを「既知」、知らないことを「未知」と表し、「既習・未習」より広い意味で扱っている。

第8章 おわりに

8.1 研究結果のまとめ

　話者の事態把握を表す視点は、認知言語学の概念の1つであり、その視点の一貫性は、日本語テキストの構成要素として要求されると認知言語学研究では言われている（池上1983）。近年、第二言語習得研究において、日本語母語話者と日本語学習者との視点の表し方の相違を指摘し、学習者の視点習得の問題を取り上げた研究が盛んに行われ始めた（田代1995, 金慶珠2001, 魏2012, 武村2012など）。これらの研究では、日本語学習者の文章などの産出表現の不自然さなどは、視点の問題に関連しているとし、学習者に指導すべきであることを述べている。しかし視点をどのように指導すればいいのかという教育現場につながる効果的指導法は、日本語教育上ではほとんどまだ検討されていない。実際、日本語教育や第二言語習得研究では、様々な指導法が提唱され、効果も検証されてきたが、それらの指導法の全ては言語学で、言語化可能な言語項目の指導法であり、視点のような認知言語学に関わる指導法ではなかった。視点を指導するためには、言語形式や意味といった言語学的なものではなく、日本人の事態把握の仕方といった認知的なものからアプローチする必要があるのではないだろうか。

　こうした状況で本書は、視点を認知言語学の理論から日本語教育現場に結びつける一歩として、視点意識のない学習者に意識させるための効果的な指導法を探ることを目的とした。

　本書は、まず認知言語学の理論に基づいて日本語とベトナム語の視点の表し方と事態把握の仕方を比較した（研究1）。次にベトナム人日本語

学習者の視点の表し方の習得状態を明らかにした（研究2）。最後に、ベトナム人学習者を対象に第二言語習得における認知プロセスの理論に基づいて、その必要不可欠な段階である〈気づき〉を重視とした指導法を実験し、視点の効果的な指導法を検討した（研究3）。以下は、それぞれの研究の概略を述べたうえで、明らかになった結果をまとめる。

1. 【研究1】日本語とベトナム語の視点

研究1は、ベトナム語と日本語の事態把握及び視点の表し方を比較したものである。ベトナム語で視点がどう表されているかを探るために、日本語の小説（2冊）とそのベトナム語訳版を比較した。視点は〈視座〉と〈注視点〉に分けて捉えた。

視座を〈視座の一貫性〉と〈視点表現の用い方〉に分けて検討した結果、視座の一貫性については、日本語原文が、ストーリーの最初の場面から最後の場面まで登場人物の1人（主人公）の視座で語られていたのに対し、ベトナム語訳文では、話者の視座が1人の人物に一貫せず、移動したり、中立的視座で語ったりすることが見られた。視点表現の用い方については、ベトナム語で日本語に相当する表現がある場合（受身表現、主観表現、感情表現）は、原文と同じように訳されていたが、ベトナム語にない授受補助動詞や移動補助動詞などの表現に対しては本動詞で訳されていた。また、視点表現は、日本語の意味に相当する表現のベトナム語で訳されてはいるが、ベトナム語訳文に用いられた表現は、視点の制約がなかった。さらにベトナム語訳文には、感情表現が多く使われていたが、その感情表現の一人称制約は見られなかった。この結果から、ベトナム語には、日本語のような〈視座の一貫性〉という制約が存在しないこと、受身表現や主観表現、感情表現などの表現には話者の視座を表す用法がないことが示唆された。

次に注視点（主語）を〈一貫性〉と〈明示性〉に分けて検討した結果、日本語原文とベトナム語訳文に大きな違いが観察された。主語が一貫している場合、日本語原文には、場面全体で1回しか主語が明示されていないが、訳文には、全文に明示されている。また、日本語原文は、話者の視座が一貫しているため、注視点を明示しなくてもわかるが、訳文では、その非明示の部分を全て明示している。同様に、視点表現が使われ

ている場面では、原文に動作の主体あるいは客体が明示されていないにもかかわらず、訳文には全部が明示されている。このことからベトナム語では、主語の一貫性よりも、主語の明示性のほうが重要であると考えられる。

　研究1の結果は、日本語と他言語の視点と事態把握について調べた先行研究（金慶珠2001, 2008; 徐2009, 2013など）の結果と合致した。またベトナム語の上述した特徴は、客観的事態把握とされた言語（中国・英語・韓国語など）の特徴にも一致している。ベトナム語は、視点の一貫性という制約がない、客観的把握をする言語であるということが示唆された。

II.【研究2】ベトナム人日本語学習者の視点の表し方
　　──産出文章からの考察

　研究2は、ベトナム人日本語学習者の視点習得の実態を明らかにするものである。具体的に、中上級ベトナム人日本語学習者（44名）と日本語母語話者（22名）、及び日本語学習歴のないベトナム語母語話者（22名）を対象に物語描写における視座と注視点の表し方について調べた。調査の結果、上位群学習者が下位群学習者より、視点表現の産出数が多いという差は見られたが、学習者両群とも固定視座の割合が低く、日本語母語話者と反対の傾向が見られた。上位群学習者は、視点表現が多く産出できても、必ずしも日本語母語話者と同様な視座の表し方ができているわけではない。逆に、視点表現の多用により、視座が多くの人物に移動する文章になってしまう場合も少なくなかった。特に新登場人物を導入する際に、日本語母語話者が、物語の主人公に視座を固定させる傾向が強いのに対し、上位群学習者も含めたベトナム人学習者は、視点表現の誤用により、新登場人物に移動させたり、中立した視座で描いたりする傾向が見られた。また下位群学習者は、視点表現があまり産出できず、話者をどこに置いて語るか判定できない場合は、中立的に語る場合が多かった。この結果から、ベトナム人学習者は、レベルに関係なく、日本語母語話者より文章における視座の一貫性が弱いことが明らかになった。注視点については、学習者の文章も日本語語母語話者の文章も、頻繁な移動が見られた。しかし学習者が、文ごとに注視点を変えることが多いのに対し、日本語母語話者は、場面ごとに注視点を一貫し、学習者より

固定の傾向が強いことが観察された。また日本語母語話者が、固定した注視点の場面では、最初のみ注視点を明示するのに対し、学習者の文章は、ほとんど全ての文に明示する傾向が見られた。さらに、学習者の産出文章（日本語）は、ベトナム語母語話者の産出文章（ベトナム語）と視座の現し方においても、主語の用い方においてもほぼ同じ傾向が見られた。

　これらの結果から、視点表現の産出数は、日本語の熟達度に関係するが、視座の一貫性及び注視点の一貫性・明示性は、日本語の熟達度よりも、学習者の母語の影響のほうが強いことが示唆された。

III. 【研究3】視点の効果的な指導法──〈気づき〉を重視する指導法の実験

　研究3は、「視点の指導法」を実験したうえで効果的な指導法を考察するものである。具体的に、第二言語習得における認知プロセスの理論に基づき、視点の問題を抱えている中上級ベトナム人日本語学習者（79名）を対象に、学習者の〈気づき〉を重視する暗示的指導法と教師の説明という明示的説明の実験を行った。〈気づき〉指導法とは、学習者の中間言語（ベトナム人学習者の書いた文章）と目標言語（日本語母語話者の書いた文章）の違いを比較させる方法であり、〈学習者1人〉→〈グループディスカッション〉→〈教師の非明示的介入〉という3つの段階にわたって〈気づき〉を行った。その結果、学習者自身での〈気づき〉の段階から教師の非明示的介入による〈気づき〉の段階まで行ったほうが、広い範囲の内容を気づくことができた。また学習者自身で気づいた〈視点表現の用い方〉と〈主語の用い方〉は、教師の明示的説明がなくても、指導直後に産出でき、指導の3か月後にも産出できることが確認できた。また、3か月経っても指導効果は持続し、学習者の記憶に残っていることもわかった。

　教師の非明示的介入（フィードバック）により気づいた〈視座の一貫性〉は、指導の直後には産出できないが、非明示的介入の後に、明示的に説明をすると産出できるようになり、3か月後も指導した内容が学習者の記憶に残っていた。一方〈気づき〉を行わずに、教師が明示的に視点についての説明だけをすると、指導の直後には産出できても、しばらく時間が経つと学習者の記憶にあまり残っていないことがわかった。

　以上のことから、視点の指導において学習者に〈気づき〉の機会を与

えることは、〈気づき〉の後に来る教師の明示的説明の効果を高めるための重要な役割を果たすことが示唆された。また〈気づき〉の機会を多く与えれば与えるほど、学習者は理解を深めることができ、視点の問題をよく理解したうえで産出できるようになる可能性も確認できた。

8.2 日本語教育への示唆

　日本語の文法項目として扱われている「受身表現」「授受表現」「移動表現」などは、「認知言語学」の中の視点の概念を言及するときには、視点表現と言う。学習者に、これらの表現を視点表現という概念として覚えさせなくてもよいが、「話者の立場」「話者がどこにいるか／どこから見ているか／誰の立場で語るか」などの視点の制約については指導すべきである。授受表現や移動表現が、地理的・心理的な距離をも表しているのに、ほとんどの教科書で、この意味は触れられていない。これらの表現の用法を指導するときに、視点の制約や意味も含めて指導すると、学習者はより自然な日本語が産出できるようになるであろう。

　視点を導入する効果的な時期として、横田（2008）は、初級の段階から日本語母語話者の視点である「視点が一貫されたイラスト」を使用することで、学習者に理解させるべきであることを指摘している。魏（2012）は、談話における視点の一貫性に注意を向けさせる前にまず、視点表現に関する視点制約を認識させ、それぞれの表現の運用能力を身につけるために、文レベルでの視点表現の習得が必要であるとしている。そして視点制約の習得には、十分に時間をかける必要があると述べている。先行研究で指摘されていることと、本書の結果から、視点の問題は、日本語学習の早い段階から指導することが可能であると考えられる。また学習者が、談話レベルでも、より自然な談話が産出できるようになるためには、文レベルにおける視点の表し方だけではなく、談話レベルである文章などでの表し方も指導すべきだとも言えよう。さらに、産出も理解もできるようになるためには、視点の制約は、文法項目指導だけでなく、作文指導（談話産出のため）や、読解指導（談話理解のため）にも入れるべきであり、初級から中・上級までの教室活動で統合的に指導する必要があるであろう。

8.3 今後の課題

　本書の目的は、ベトナム人学習者の日本語の文章における視点の表し方の特徴を明らかにするためで、そのために視点を表す言語形式〈視点表現と主語〉の用い方などは検討したが、これらの言語形式に対する日越両言語の言語学的比較対照は本格的に行わなかった。また、第二言語習得の理論的な研究と実証的な研究で論じた指導法の効果とその可動性も厳密には論じておらず、〈気づき〉の原義、幅広い捉え方、及び教育現場における〈気づき〉指導の効果を測った先行研究も深く言及しなかった。
　そこで今後は、以下の4つの課題について検討していきたい。
　1つ目は、ベトナム語における視点の捉え方及びその判定基準に関する課題である。本書は、学習者の母語であるベトナム語の事態把握・視点の傾向を日本語と比べる形で検討してきたが、視点の概念は、日本語の枠組みから捉えた。今後は、ベトナム語の視点の捉え方及びベトナム語と日本語の視点の比較をベトナム語の視点の枠組みから考察していきたい。
　2つ目は、視点の指導法に関する課題である。本書は、主に第二言語習得における認知プロセスの理論、Schmidtが提唱した〈気づき仮説〉に基づき、〈気づき〉を重視する指導法と、〈教師の明示的説明〉という指導法を行い、それぞれの効果を考察してきた。研究の結果、学習者の産出及び意識化に対するそれぞれの指導法の重要性が明らかになった。〈気づき〉と〈説明〉を順番に行うことで、産出及び視点意識化の持続的な効果は確認できたが、魏（2012）が述べているように、十分な時間をかけ、〈気づき〉と〈説明〉の後に、練習も行い、視点意識の定着に対する効果を検討する必要もある。また、〈気づき〉の方法として、文章を比較させる以外の方法も検討していきたい。他には、教育現場の状況や学習者のレベルなどを考慮した学習者に気づかせるための資料作りや、実際に視点を指導する場合のカリキュラム作り（どの授業に取り入れるか、文法の授業に入れるべきか、作文指導に入れるべきかなど）なども今後の課題として検討していきたい。

3つ目は、実験の対象者に関する課題である。本書の対象者は、ベトナム語母語話者のみだった。本書の研究3で、第二言語習得の認知プロセスに基づいた指導法が、ベトナム人学習者に対して当てはまることは確認できた。今後は、ベトナム語母語話者に限らず、他の客観的把握をする言語の母語話者に対しても、この指導法が当てはまるかどうかを検討していきたい。

　4つ目は、指導効果の測定範囲に関する課題である。本書は、指導の効果を産出と意識化（記憶）の面しか検討しなかった。今後は、指導を受けた学習者の談話理解にも効果が表れるかを検討していきたい。

謝辞

　本書は、昭和女子大学に提出された博士論文に一部の加筆修正を加えたものである。本書が完成するまでには、多くの方々にご指導とご尽力をいただきました。ここに記して、深く感謝の意を表します。
　研究活動全般にわたり格別なるご指導とご高配を賜りました昭和女子大学教授石橋玲子先生に心から深く感謝申し上げます。石橋先生が時に応じて厳しくご指導をくださり、またやさしく励ましてくださったことを通して研究の厳しさ及び面白さを実感することができました。博士課程の3年間で本書をまとめることができたのは、先生から様々な学問的な知識をご教授いただいたことはもちろんのこと、私自身でも気づかない自分の長所及び短所を把握したうえで、常に適切な刺激を与えていただいたからに他なりません。積極的に学会での発表をすべきこと、自分の研究に対して自信を持つべきこと、母語での研究ならびに教育現場への貢献を考えるべきことなどの先生の言葉を研究の進みにより理解することができるようになりました。研究者・指導者としての今後の道でも大切にしなければならないことであると思っております。研究のご指導をいただき、本当にどうもありがとうございました。
　また、授業や学内での研究発表会で、私の研究に対して、深い専門知識や貴重なコメント、助言を多くいただき、暖かく励ましていただいた昭和女子大学大学院池上嘉彦教授、金子朝子教授、鈴木洋子教授、ならびに茨城大学村上雄太郎教授にもお礼申し上げます。先生方の貴重なご助言のお蔭で研究の課題を解決しながら発展させることができました。
　さらに、大学院進学を決定した時から今日にわたり、多大なご支援をいただき、見守っていただいた、昭和女子大学日本語教育学科の西川寿美教授、遠藤藍子教授に厚くお礼を申し上げます。西川先生と遠藤先生が留学生としての私の日常的な悩みをやさしく聞き心温かく励ましてくださいましたお蔭で研究に集中することができました。

本書のデータを収集するための調査・実験を承諾し、協力していただいた昭和女子大学日本語教育学科ならびにベトナム・フエ外国語大学日本語日本文化学科、ベトナム語学科の教師及び学生の皆様に大変感謝申し上げます。

　最後になりますが、修士課程から博士課程修了までの5年半の間、研究生活費のご支援をいただいた日本文部科学省、多くのご支援をいただき、暖かく励ましていただいた昭和女子大学の国際交流センターの皆様、昭和女子大学文学研究科の先生方、先輩・後輩・同級生の皆様、そして、チューターの富増純子先生に大変お世話になりました。

　どうもありがとうございました。

2017年7月

Le Cam Nhung

参考文献

【日本語文献】

池上嘉彦（1983）「テクストとテクストの構造」国立国語研究所『談話の研究と教育I』大蔵省印刷局

池上嘉彦（1999）「日本語らしさの中の〈主観性〉―日本語の文の主観性をめぐって・その1」『言語』28(1), 84–94．大修館書店

池上嘉彦（2000）『日本語への招待』講談社

池上嘉彦（2003）「言語における〈主観性〉と〈主観性〉の言語的指標（1）」『認知言語学論考』3, 1–49．ひつじ書房

池上嘉彦（2004）「言語における〈主観性〉と〈主観性〉の言語的指標（2）」『認知言語学論考』4, 1–60．ひつじ書房

池上嘉彦（2006）「〈主観的把握〉とは何か―日本語話者における〈好まれる言い回し〉」『言語』35, 20–27．大修館書店

池上嘉彦（2011）「日本語と主観性・主体性」『ひつじ意味論講座第5巻　主観性と主体性』49–67．ひつじ書房

石橋玲子（2012）『第二言語による作文産出の認知心理学的研究』風間書房

岩中貴裕（2012）「学習者の中間言語の発達に貢献する英語の授業」『香川大学教育研究』9, 77–88.

上原聡（2001）「主語の主観性に関する認知類型論的一考察」『日本認知言語学会論文集』1, 1–11．日本認知学会

宇佐美恵子（2013）「接続詞「で」の指導に関する実験的研究―インプット洪水・インプット強化・明示的な文法説明の効果」第二言語習得研究会編『第二言語としての日本語の習得研究』16, 196–213.

宇根祥夫（1985）「ベトナム語の方向動詞－'イク''クル'考」『東京外国語大学論集』35, 103–114.

王安（2014）「主体化」森雄一・高橋栄光『認知言語学　基礎から最前線へ』181–204．くろしお出版

王晶（2014）「上級中国人日本語学習者の視点について―アニメーションのストーリーテリングを通して」『南山言語科学』9, 193–212.

大江三郎（1975）『日英語の比較研究―主観性をめぐって』南雲堂

大関浩美（編）（2015）『フィードバック研究への招待―第二言語習得とフィードバック』くろしお出版

大塚純子（1995）「中上級日本語学習者の視点表現の発達について―立場志向文を中心に」『言語文化と日本語教育』9, 281–292．お茶の水女子大学日本言語文化学研究会

奥川育子（2007）「語りの談話における視点と実態把握」『筑波応用言語学研究』14, 31–43.

奥津敬一郎（1983）「授受表現の対照研究―日・朝・中・英の比較」『日本語学』2(4), 22–30.

金谷武洋（2002）『日本語に主語はいらない　百年の誤謬をただす』講談社選書メチエ

金谷武洋（2004）『英語にも主語はなかった　日本語文法から言語千年史へ』講談社選書メチエ

金村久美（1999）「ベトナム語母語話者による日本語の発音の音調上の特徴」『ことばの科学』12, 73–91.　名古屋大学言語文化研究会

川崎明子（2010）「「大いなる遺産」と「坑夫」の一人称の語り―疑似教養小説における視点と主人公」『駒澤大学文學部研究紀要』68, 1–16.

金恩愛（2006）「日本語の「-さ」派性名詞は韓国語でいかに表れるか―翻訳テクストを用いた表現様相の研究」『日本語教育』29, 31–40.

金慶珠（2001）「談話構成における母語話者と学習者の視点―日韓両言語における主語と動詞の用い方を中心に」『日本語教育』109, 60–90.

金慶珠（2003）「言語差と事態認識―日韓両言語の事態描写における視点の対照研究」『文明』4, 27–37.　東海大学文明研究所

金慶珠（2008）『場面描写と視点―日韓国語両言語の談話構成とその習得』東海大学出版会

久野暲（1978）『談話の文法』大修館書店

五味政信（2005）『ベトナム語レッスン初級1』スリーエーネットワーク

佐伯胖（1978）『イメージ化による知識と学習』東洋館出版社

坂本勝信（2005）「中国語を母語とする日本語学習者の視点の問題を探る」『常園大学研究紀要（外国語学部）』21, 1–10.

坂本勝信・康鳳麗・森脇健夫（2009）「中学年の日本人児童の物語描写における「視座」の実態について―日本人大学生との比較を通して」『常葉学園大学研究紀要（外国語学部）』25, 205–213.

澤田治美（1993）『視点と主観性―日英語助動詞の分析』ひつじ書房

澤泰人（2009）「日英語の物語翻訳に見られる事態認識の様式と言語表現の差異」『佛教大学大学院紀要文学研究科篇』37, 141–152.

白井泰弘（2009）『外国語学習の科学―第二言語習得論とは何か』岩波新書

謝文儀（2006）「第二言語としての日本語物語構築に見られる話し手の視点―学習者の母語と学習環境が及ぼす影響」名古屋大学修士論文

末蕃美和（2014）「複文における視点の統一が日本語学習者の文理

解に及ぼす影響―授受補助動詞による注視点の統一に着目して」『留学生教育』19, 13–22.

盛文忠（2006）「「雪国」の中国語訳から見る日中両言語の認知的差異―文型・主語・動詞・数量詞の使用を中心に」『日本認知言語学会論文集』6, 590–591.

徐珉廷（2009）『日本語話者と韓国語話者における主観的な〈事態把握〉の対照研究―「ていく／くる」と「e kata / ota」の補助動詞用法を中心に』昭和女子大学博士論文

徐珉廷（2013）『事態把握における日韓話者の認知スタンス―知言語学の立場から見た補助動詞的な用法の「ていく／くる」を「e kata / ota」の主観性』ココ出版

武村美和（2010）「日本語母語話者と中国人日本語学習者の談話に見られる視座―パーソナル・ナラティヴと漫画描写の比較」『広島大学大学院教育研究科紀要 第二部 文化教育開発関連領域』59, 289–298.

武村美和（2012）『中国人日本語学習者における視点表現の習得に関する研究―視座と注点に着目して』広島大学博士論文

田代ひとみ（1995）「中上級日本語学習者の文章表現の問題点―不自然さ・わかりにくさの原因をさぐる」『日本語教育』85, 25–37.

中浜優子・栗原由華（2006）「日本語の物語構築―視点を判断する構文的手がかりの再考」『言語文化論集』27(2), 97–107.

中村芳久（2004）『認知文法論II』大修館書店

中村芳久（2009）「認知モードの射程」『「内」と「外」の言語学』353–393. 開拓社

名部井敏代（2005）「リキャスト―その特徴と第二言語教育における役割」『外国語教育研究』10, 9–22. 札幌大学外国語学部紀要

長谷部陽一郎（2012）「内からの視点と外からの視点―認知言語学に基づく英語教育に関する試論」『コミュニカーレ』1, 1–27. 同志社大学グローバル・コミュニケーション学会

濱田英人（2011）「日英語話者の視点構図と言語表現」『文化と言語』76, 69–92.

堀江薫（2008）「間主観化」『言語』37(5), 36–41.

松木正恵（1992）「「見ること」と文法研究」『日本語学』11, 57–71.

松田真希子・タン ティ キム テュエン・ゴ ミン トゥイ・金村久美・中平勝子・三上喜貴（2008）「ベトナム語母語話者にとって漢越語知識は日本語学習にどの程度有利に働くか―日越漢字語の一致度に基づく分析」『世界の日本語教育』18, 21–33.

松田真希子（2012）『ベトナム語母語話者の日本語教育に関する総合的研究』一橋大学博士論文

宮崎清孝・上野直樹（2008）『コレクション認知言語学3―視点』東京大学出版会

向山陽子（2004）「文法指導の効果に関する実験研究概観―明示性の観点から」『言語文化と日本語教育　増刊特集号―第二言語習得・教育の研究最前線2004年版』124–146.　日本言語文化研究会

村岡有香（2012）「気づきを高める英語教育」『Educational Studies 54』233–244.　International Christian University

村野井仁（2006）『第二言語習得研究から見た効果的な英語学習法・指導法』大修館書店

森田良行（1998）『日本人の発想、日本語の表現「私」の立場がことばを決める』中公新書

森田良行（2006）『話者の視点がつくる日本語』ひつじ書房

森雄一・高橋英光（2014）『認知言語学　基礎から最前線へ』くろしお出版

茂呂雄二（1985）「児童の作文と視点」『日本語学』4, 51–60.

山岡俊比古（1997）『第二言語習得研究〈新装改訂版〉』桐原書店

横田隆志（2008）「日本語初級教材のイラストに見られる視点の分析」『北陸大学紀要』32, 217–224.

横田隆志（2009）「「日本語の視点」から見た授受表現の導入方法についての一考察」『北陸大学紀要』33, 143–151.

ラルアイソング・タナパット（2014）「タイ人日本語学習者と日本語母語話者の視座の置き方に関する分析―10コマ漫画の描写に見られる視点表現を中心に」『筑波大学地域研究』35, 147–162.

林美琪（2004）「上級日本語学習者の談話展開における視点の分析―台湾人日本語学習者を中心に」『人間文化論叢』7, 429–440.　お茶の水女子大学大学院

林美琪（2005）「中国語を母語とする日本語学習者の談話展開における視点の習得研究―台湾人日本語学習者を中心に」『上智大学 Sophia linguistica: working papers in linguistic』53, 33–48.

レ カム ニュン（2012）『ベトナム人日本語学習者の文章に見られる視点の表し方―日本語母語話者との比較』昭和女子大学修士論文

渡邊亜子（1996）「中・上級日本語学習者の談話展開」しおくろ出版

渡辺文生・楊蔭（2008）「ストーリーを語る作文における視点の表現と談話展開について」『日本語教育学世界大会2008予稿集』2, 338–341.

渡辺文生（2012）「日本語の語りの文章における視点の表現とその指導について」『山形大学大学院社会文化システム研究科紀要』9, 51–58.

魏志珍（2010a）「事態描写における台湾人日本語学習者と日本語母語話者の視点の比較―視座の置き方に注目して」『言葉と文化』11, 255–270. 名古屋大学大学院国際言語文化研究科

魏志珍（2010b）「台湾人日本語学習者の事態描写における視点の表し方―日本語の熟達度との関連性」『日本語教育』144, 133–144.

魏志珍（2012）『日本語の談話における視点の一貫性と言語理解・言語運用との関わり―台湾人日本語学習者を中心に』名古屋大学博士論文

JACET SLA 研究会（編）（2013）『第二言語習得と英語科教育法』開拓社

Le Cam Nhung（2014）「ベトナム語と日本語の〈事態把握〉―小説からの考察」『昭和女子大学大学院言語教育・コミュニケーション研究』9, 65–76.

Le Cam Nhung（2015）「視点の指導効果―第二言語習得における認知プロセスの〈気づき〉を重視する指導法を用いて」『昭和女子大学大学院言語教育・コミュニケーション研究』10, 37–48.

Nguyen Thi Ai Tien（2014）『日本語とベトナム語における使役表現の対照研究―自動詞、テモラウ、ヨウニイウとの連続性』大阪大学博士論文

Than Thi Kim Tuyen（2003）『ベトナム人学習者の漢字学習ストラテジー』東京外国語大学修士論文

【ベトナム語文献】

Diệp Quang Ban (2011)『Ngữ pháp tiếng Việt T2』NXB Giáo dục Việt Nam.

Hoàng Trọng Phiến (1980)『Ngữ pháp tiếng Việt – Câu –』NXB Đại học và Trung học chuyên nghiệp.

Đoàn Thiện Thuật (chủ biên) (2012)『Tiếng Việt trình độ A- tập 2』NXB Thế Giới.

【英語文献】

Doughty, C. J. & William, J. (1998). Pedagojical choices in focus on form. In C. J. Doughty & J. Williams (Eds.), *Focus on form in classroom second language acquisition*. Cambridge: Cambridge University Press, 197–261.

Ellis, N. (Ed.) (1994). *Implicit and explicit learning of languages*. London, UK: Academic Press.

Ellis, R. (1994). *The study of second language acquisition*. Oxford: Oxford University Press.

Ellis, R. (1997). *SLA research and language teaching*. Oxford: Oxford

University Press.

Ellis, R. (2001). Investigating form-focused instruction. In R. Ellis (Ed.), *Form-focused instruction and second language learning*. Oxford: Blackwell, 1–46.

Ellis, R., Basturkmen, H. & Loewen, S. (2001). Preemptive focus on form in the ESL classroom. *TESOL Quarterly, 35*, 407–432.

Ellis, R., Basturkmen, H. & Loewen, S. (2002). *Doing focus-on-form, System, 30*, 419–432.

Gass, S. (1997). *Input, interaction, and the second language learner*. Mahwah, NJ: Lawrence Erlbaum Associates.

Gass, S. (2003). Input and interaction. In C. J. Doughty & M. Long (Eds.), *The handbook of second language acquisition*. Ofxord, UK: Blackwell, 224–255.

Langacker, R. W. (1985). Observation and Speculations on subjectivity. In J. Haiman (Ed.), *Iconicity in Syntax*. Amsterdam: John Benjamins, 190–150.

Langacker, R. W. (1990). Subjectification. *Cognitive Linguistics, 1*, 5–38.

Langacker, R. W. (1991). *Concept, Image and Symbot: The Cognitive Basis of Grammar*. Berlin: Mouton de Gruyter.

Langacker, R. W. (1991). *Foundations of cognitive grammar, vol.II: Descriptive application*. Stanford, CA: Stanford University Press.

Langacker, R. W. (2008). *Cognitive grammar: A basic introduction*. Oxford: Oxford University Press.（山梨正明（監訳）（2011）『認知文法論序説』研究社）

Long, M. (1991). Focus on form: A design feature in language teaching methodology. In K. de Bot, R. Ginsberg, & C. Kramsch (Eds.), *Foreign language research in cross: cultural perspective*. Amsterdam: John Benjamins, 39–52.

Long, M. (1983). Linguistic and conversational adjustments to non-native speakers. *Studies in Second Language Acquisition, 5*, 177–193.

Long, M. (1996). The role of the linguistic environment in second language acquisition. In W. C. Ritchie & T. K. Bhatia (Eds.), *Handbook of second language acquisition*. San Diego, CA: Academic Press, 413–468.

Long, M. & Robinson, P. (1998). Focus on form: Theory, analysis. *Language Learning, 50*(3), 417–528.

Lyster, R. & Ranta, L. (1997). Corrective feedback and learner uptake: Negotiation of form in communicative classroom. *Studies in Second Language Acquisition, 19*, 37–66.

Moroishi, M. (2003). The role of input and Interaction in the acquisition of Japanese as a second / foreign language. In Y. A. Hatasa (Ed.), *An Invitation to SLA Research*. Tokyo: Kuroiso Publisher.

Norris, J. M. & Ortega, L. (2000). Effectiveness of L2 instruction: A research synthesis and quantitative meta-analysis. *Language Learning, 50*, 417–528.

Rosa, E. & O'Neill, M. (1999). Explcitness, intake, and the issue of awareness. *Studies in Second Language Acquisition, 21*, 511–556.

Rosa, E. & Leow, R. (2004). Computerized task-based exposure, explicitness, type of feedback, and Spanish L2 development. *The Modern Language Journal, 88*, 192–216.

Sanz, C. & Morgan-Short, K. (2004). Positive evidence versus explicit rule presentation and explicit negative feedback: A computer-assisted study. *Language Learning, 54*, 35–78.

Schmidt, R. (1990). The role of consciousness in second language learning. *Applied Linguistics, 11*, 129–158.

Schmidt, R. (1993). Consciouness, learning, and interlanguage pragmatics. In G. Kasper & S. Blum-Kulka (Eds.), *Interlanguage pragmatics*. 19–42.

Schmidt, R. (1995). *Attention & Awareness is foreign language learning*. Hawai'i, HI: Second Language Teaching & Curriculum Center, University of Hawai'i at Manoa.

Schmidt, R. (2001). Attention. In P. Robinson (Ed.), *Cognition and second language instruction*. Cambridge: Cambridge University Press, 3–32.

Schmidt, R. & Frota, S. (1986). Developing basic conversational ability in a second language: A case study of an adult learner of Portuguese. In R. Day (Ed.), *Talking to learn: Conversation in second language acquisition*. Rowley, MA: Newbury House, 237–322.

Spada, N. (1997). Form-focused instruction and second language acquisition: A review of classroom and laboratory research. *Language Teaching, 30*, 73–87.

Swain, M. (1985). Communicative competence: Some roles of comprehensible input and comprehensible output in its development. In S. Gass & C. Madden (Eds.), *Input in second language acquisition*. Cambridge, MA: Newbury House, 235–253.

Swain, M. (1995). Three funcions of output in second language learning. In G. Cook & B. Seidlhoffer (Eds.), *Principles and practice in applied linguistics: Studies in honor of H. G. Widdowson*. Oxford: Oxford University Press, 125–144.

Swain, M. (2005). The output hypothesis: Theory and research. In E. Hinkel (Ed.), *Handbook of research in second language teaching and learning*. Mahwah, NJ: Lawrence Erlbaum, 471–481.

言語資料

江國香織（2001）『東京タワー』新潮社版
ベトナム語訳：Tran Thanh Binh 訳（2001）『Tháp Tokyo』NXB Văn hóa - Văn nghệ Thành phố Hồ Chí Minh.
東野圭吾（2001）『秘密』文藝春秋
ベトナム語訳：Uyên Thiếm - Trương Thùy Lan 訳（2010）『Bí mật của Naoko』NXB Thời đại.

索引

[N]
- Noticing……11, 107
- Noticing Hypothesis……107

[あ]
- アウトプット……37, 108

[い]
- 意識……107
- 移動の傾向……34
- 移動表現……33, 48, 75, 88, 95
- インタラクション……108
- インテイク……37
- インプット……37, 108

[う]
- 受身表現……31, 48, 74

[か]
- カメラ・アングル……18
- 感情表現……34, 48, 76, 88, 99

[き]
- 気づき……11, 37, 107
- 気づき重視の指導法……11, 110
- 気づきのみ……114
- 客観性……27
- 客観的把握／客観的事態把握……30, 41, 45

[く]
- グループディスカッションでの気づき……116, 122

[け]
- 結合……111

[こ]
- 固定の傾向……34

[さ]
- 産出……10

[し]
- 使役表現……33, 48, 75, 87, 93
- 視座……4, 20, 23, 24, 31, 56
- 視座の一貫性……23, 34, 80, 124, 137
- 視線の軸……13
- 持続性……137
- 事態把握……29, 41, 45
- 実験群……111
- 視点……4, 18, 24
- 視点の一貫性……18
- 視点表現……31, 48, 56, 83, 91, 128, 140
- 主観性……13, 27, 161
- 主観的把握／主観的事態把握……29, 41, 45
- 主観表現……34, 48, 76
- 授受表現……32, 48, 75, 87, 91

[せ]
- 説明のみ……117

[た]
- 第一言語……8
- 第二言語……8

[ち]
- 遅延産出……10, 117
- 遅延テスト……117
- 中間言語……10
- 注視点……4, 20, 24, 35
- 注視点の一貫性……35, 88, 132
- 注視点の明示性……35, 89, 134
- 直後産出……10, 117
- 直後テスト……117

[と]
- 統合……37
- 統制群……111

[な]
- 内在化……37

[に]
- 認知プロセス……37

[ひ]
- 1人での気づき……116, 120
- 非明示的介入……119, 156

[ふ]
- フィードバック……108, 116
- フォローアップ・インタビュー……117

[め]
- 明示的介入……119
- 明示的指導……109, 110
- 明示的説明……119, 156

[も]
- 目標言語……10
- 物語描写……10

[り]
- 理解……37, 107

[著者]　レ　カム　ニュン（LE CAM NHUNG）

1984年、ベトナム・フエ市に生まれる。博士（文学）。現在、フエ外国語大学講師・昭和女子大学非常勤講師。専門は日本語教育・第二言語習得研究。

2006年、ベトナム国家大学ハノイ人文社会科学大学東洋学部日本専攻卒業。2012年、昭和女子大学大学院文学研究科言語教育・コミュニケーション専攻博士前期課程修了（修士号取得）。2016年、昭和女子大学大学院文学研究科言語教育・コミュニケーション専攻博士後期課程修了（博士号取得）。

主な論文に、「ベトナム語と日本語の〈事態把握〉─小説からの考察」（2014年、『昭和女子大学大学院言語教育・コミュニケーション研究』第9号）、「視点の指導効果─第二言語習得における認知プロセスの〈気づき〉を重視する指導法を用いて」（2015年、『昭和女子大学大学院言語教育・コミュニケーション研究』第10号）等がある。

本書は、平成29年度昭和女子大学博士論文出版助成を受けて刊行された。

日本語教育学の新潮流 21

ベトナム人日本語学習者の産出文章に見られる視点の表し方及びその指導法
学習者の〈気づき〉を重視する
指導法を中心に

2018年2月20日　初版第1刷発行

著者……………レ カムニュン
発行者…………吉峰晃一朗・田中哲哉
発行所…………株式会社ココ出版
　　　　　　　〒162-0828
　　　　　　　東京都新宿区袋町25-30-107
　　　　　　　電話 03-3269-5438
　　　　　　　ファックス 03-3269-5438

装丁・組版設計………長田年伸
印刷・製本……………モリモト印刷株式会社

ISBN 978-4-904595-98-5

ココ出版の書籍

日本語教育学の新潮流 17
学習者の自己形成・自己実現を支援する日本語教育
寅丸真澄 著　定価 3,600 円＋税　ISBN 978-4-904595-87-9

日本語教育学の新潮流 18
接触場面における二言語使用の可能性
多言語多文化キャンパスの構築に向けて

田崎敦子 著　定価 3,600 円＋税　ISBN 978-4-904595-88-6

日本語教育学の新潮流 19
日本語教師の成長
ライフストーリーからみる教育実践の立場の変化

飯野令子 著　定価 3,600 円＋税　ISBN 978-4-904595-95-4

日本語教育学の新潮流 20
「多文化グループワーク」による言語と文化の創造学習
知識科学の視点から見るアクティブ・ラーニング

李暁燕 著　定価 3,600 円＋税　ISBN 978-4-904595-96-1